優渥叢書

優渥叢書

優渥叢書

66張圖讀懂法律通識課

不花錢找律師，職場、租屋、消費……等
50 個疑難雜症都能自己搞定！

◆增修版◆

2025 最強法律防身術

優渥客◎著

contents

第2部 達人用66張圖，教你用法律防身自保50招！

contents

contents

contents

contents

第6章 與親友財務篇——總以為自己人還好，但扯到錢就糟糕！ 175

第7章 交通車禍篇——被撞切勿慌掉，得學會保護自身權益

contents

前言
不懂法律，即使你是名人也會吃悶虧！

知名主播蘇逸洪除了是節目主持人，還有另一個較不為人知的身分，就是靠購買中古屋成為包租公。

早在二〇〇九年，他已經累積了五間房子，除了一間自住、一間給父母住，其餘三間全部出租，每個月光是收租就超過十萬元。他的投資哲學是買「好地段的爛房子」，重新裝修後再出租或出售。

不過，他也曾經因為這項進帳豐厚的投資，被一狀告進法院。

嚴重漏水找人整修，卻搞到上法院

根據報導，蘇逸洪買下台北市內湖區的一戶中古屋後，因為屋內嚴重漏水，找工人整修，結果造成鄰居浴室和廚房的磁磚龜裂，牆壁受到損害，庭院也因此積水，鄰居憤而提告。所幸，檢察官認為他只是沒做好相關安全措施，並非蓄意破壞，不構成刑法的毀損罪，所以沒有將他起訴。

其實，現代都市人大部分都住在公寓大廈裡，難免會遇到漏水糾紛。根據內政部地政司統計，全台房地產糾紛案件數量最多的，就是房屋漏水。曾有一個案例：剛裝潢好的全新廚房，被樓下住戶說是自家天花板漏水的元凶，要求整個打掉、抓漏修理。

沒人會故意害樓下鄰居漏水，何況就這樣打掉剛精心做好的裝潢，更是捨不得。與其此時再來想該怎麼辦，還不如事先做好功課，不讓自己陷入兩難局面，避免遭到檢舉，甚至被告上法院。

砸千萬風光開店，只賺到官司一件

藝人孫耀威的情況比蘇逸洪更慘，他在台灣投資的夜店才風光開幕一天，就被勒令停業。

原來他在二〇一三年底，與藝人包小柏合夥，一起斥資三千五百萬元在微風廣場二樓的露台，開了一家號稱好萊塢級的夜景酒吧「CA Club Cafe」。但才開幕一天，台北市建管處就接獲檢舉，指出這個在露台上搭建的三十坪建物，不屬於一九九四年以前可列為緩拆的既存違建，於是勒令立刻停止營業且必須拆除。建管處擔心酒吧會私下偷偷營業，還派員監工，確定違建已經拆完才離開，讓孫耀威付出的心血一夜之間就化為烏有。

時任台北市建管處副總工程司邱英哲表示：「這裡沒有合法的室內營業空間，而是在露台完全沒有建築物的情況下，蓋了一個違建物用來營業」，並指出此酒吧沒有通過安檢。但孫耀威的說法是：「當初遭到檢舉，原以為只是違建問題，我們積極改善，卻被通知該區屬於『住三用地』，根本不能做餐飲用途使用。」

他還表示，當初和微風簽約時，就已清楚告知用途，微風還是租給他，害他白白浪費了三千多萬元的投資金，若再加上兩個多月的租金、人事開銷及員工遣散費，總損失將近四千萬元。花了大筆金錢和心力開店，卻因為沒搞清楚營業相關法令，不但店面無法營業，還必須花錢請律師控告房東，雙方為此纏訟多時，相當不值得。

除了藝人開夜店，也有許多人選擇開間小餐廳、咖啡店，或是租個小店面，販賣自己在日韓親自挑選的服飾。不管是大明星還是一般民眾，誰都不想讓自己努力存到或好不容易借到的創業資金，因為法規問題丟進水溝裡。如果能事先預防，就能避免花冤枉錢、花時間打令人精神耗弱的官司。

為公司付出20年，卻因牽強理由被踢走

知名律師、暢銷書《噬罪人》、《幸福了，然後呢？你該知道的家事法律》的作者呂秋遠，在臉書上分享了一則故事：有一位婦女向先生討家用不成，先生惱羞成怒把一桌碗盤全掃在地上，她認定這是家暴，於是找上呂秋遠，要委託他辦理離婚官司。但呂秋遠在聯絡男方的過程中，意外發現他早就被公司開除。當呂秋遠告訴他，女方已知情，他才坦承已經離開公司三個月，因為不敢讓老婆知道，這三個月來天天假裝出門上班，卻又拿不出家用錢，才會一時情緒失控。

為什麼這位先生會被開除？原來他在同一家公司已經服務超過二十年，滿心以為能在公司做到退休，但是公司不斷有新進員工，使用電腦或網路的能力都比他強多了，他雖然有心想學，卻還是拚不過年輕人。他無奈地說：「我只是個過時的

經理，什麼都不懂。公司業務緊縮，第一個就是拿我開刀。」

公司當然不會用這種理由叫員工捲鋪蓋走路，而是說他「違反工作規則，情節重大」，並根據勞動基準法第十二條的規定：公司可以不經預告期間，直接開除員工，而且不需要給資遣費。

呂秋遠問這位先生，究竟犯了什麼情節重大的疏失，他也說不出個所以然，以為公司要他走，他就得走。後來，他向公司主管問清楚開除理由，竟然是違反公司的規定：穿著制服在公司外面抽菸，被總經理撞見。

深諳法律的呂秋遠馬上幫他寄出存證信函，要求確認雙方僱傭關係，最後公司讓步，願意讓他以優退的方式離職。這位先生拿到了一筆退休金，可以重新展開第二人生。

懂職場法律，才不會吃悶虧

呂秋遠之所以能幫上忙，是因為他知道穿制服抽菸不屬於「情節重大」的業務過失，這樣就把員工開除，百分之百是公司理虧。這位先生因為不懂法律，才會差一點讓二十年的退休金就這樣飛了，還差點引發家暴事件。

不過，別以為只有忍耐力較強的中年族群，才會吃這種悶虧。曾有一家公司的主管，一個下午就無預警地裁掉一個大約六、七人的團隊，要求他們當天下午必須走人，而且強勢地表示這個團隊都是約聘人員，不必給資遣費和非自願離職證明書。

當天辦公室的氣氛非常凝重，沒有人敢出言安慰他們，也沒有人敢出面質疑主管的做法是否合理。這個團隊都是二十幾歲、剛出社會不到三年的年輕人，沒有社會經驗也不懂法律，他們真的默默收拾完私人用品，沒有拿到非自願離職證明書就離開了。不僅頓時沒了工作，連失業補助都無法申請。

根據行政院勞動部統計，勞工局在二〇二三年受理的勞資爭議案件，共計兩萬六千多件，較前一年增加一〇・四%，其中最多是「工資爭議」占四八%左右，其次是「給付資遣費爭議」占二五%左右，「職業災害補償爭議」和契約爭議則占七%左右。

想想看，如果你碰到薪水爭議、老闆不發資遣費，或上班時間發生事故不被認定為職業災害時，你是否知道自己應有的權益為何？該如何處理糾紛？

真正的自保，是不要走到訴訟這一步

當糾紛走到必須打官司的地步時，不論輸或贏，都要付出很大的代價。好比轟動一時的亞力山大健身房倒閉案，當時健身房的負責人唐雅君、唐心如姊妹，試圖隱瞞公司財務窘況，在半年內以「預付型」會員方案，詐欺消費者三億多元。

儘管這兩位負責人都已入監服刑，且期滿出獄，但對於當時委託消基會代為求償的一萬兩千多名受害者來說，他們的訴訟卷至今仍然在台北地院。多年來有人和解，有人放棄退出，目前剩九千人改為求償八億元，但官司何時才定讞，沒人敢給答案。

可見訴訟程序往往曠日費時、遙遙無期，而且未必能達到自己想要的結果。因此，不論開店圓夢，或是在職場上遇到勞資糾紛，從以上的實例來看，只要懂得法律知識，就能達到「預防重於治療」的效果，可以少吃很多悶虧，少付一點學費。

接下來，本書整理出幾十個最常見的糾紛狀況，以及相對應的法律須知，是所有在社會走跳的人，都一定要知道的法律常識。

JUSTICE

第1部

江湖走跳你早晚相堵ㄟ丟，因此你需要懂……

LAW &

第1章

法律之前該如何自保？慎重簽名、看清契約

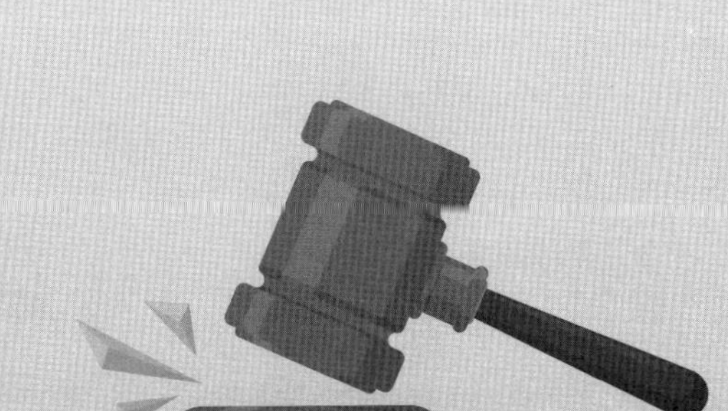

一旦簽下名字，就脫不了關係

有一對準新人正在準備婚禮，兩人一起佈置新居，婚紗照也拍好了，但不知是否婚期將近的緣故，女方突然要求男方必須簽下婚前協議書，聲明要是男方外遇或兩人離婚，就必須付出怎樣的代價。男方不甘示弱，要求女方也必須比照辦理，結果兩人大吵一架，甚至鬧到彼此質疑這個婚是否還要結下去。

雖然這是不好的例子（為了婚前協議書的內容，兩人竟然吵到婚都不想結了），但婚前協議書確實是避免婚姻走上訴訟離婚的預防方法。在群居社會裡，每個人遲早都會碰上法律問題，例如：在外租屋，一定要跟房東簽租賃契約；不小心跟別人的車子擦撞，出了車禍，該如何跟對方釐清責任歸屬，如何索賠。

法律存在的目的固然是要保障民眾的權益，但矛盾的是，它保障的對象卻是

「懂得法律知識的人」。如何避免成為「潛在被告」？接下來，我們從日常生活中最容易疏忽的小事著手，一起瞭解如何避免法律糾紛的發生。

每個人的名字都是重要資產

名字和身分證號碼會跟著每個人一輩子，是非常貴重的資產。有時即使本人未曾出面，**但只要名字或身分證號碼出現在某份文件上，在法律上，就象徵本人曾參與、討論及知悉這份文件的內容，必須為自己的承諾負責**。

再加上現代人習慣在網路上交易與活動，很容易不小心就洩漏個資，如果正好碰上網路安全機制出現漏洞，或是對方圖謀不軌，很可能會惹來不必要的法律糾紛。

二〇一〇年，有一位男性因為被判刑而企圖自殺，幸好被人勸阻，才挽回一命。經

小明是可信任的人，幫他代簽這文件應該沒問題。

▲圖1：在文件中簽名，法律上就代表為內容負責。

記者瞭解後，才知道他看了報紙廣告去應徵駕駛的工作，對方要他提供銀行存摺、提款卡及密碼做為抵押，以防他把公司車偷走。因為已經失業一段時間，加上自己的帳戶裡也沒有錢，他認為對方沒東西可騙，就毫無防備地把上述這些資料給了對方。沒想到，工作沒下文就罷，對方拿到這些東西後竟完全失聯，連手機、辦公室電話都停用了。

他漸漸覺得不對勁，於是去銀行停用帳戶、掛失金融卡，才發現自己的帳戶被人拿去做人頭戶，已成為銀行及警方監控的「警示帳戶」（亦稱警示戶，根據《存款帳戶及其疑似不法或顯屬異常交易管理辦法》第三條內容定義如下：警示帳戶指法院、檢察署或司法、警察機關為偵辦刑事案件需要，通報銀行將存款帳戶列為警示者），他也馬上被警方帶回警局偵訊。

最後，法官判定他是協助他人犯罪的「幫助犯」而判刑，理由是他已經是成年人，應該有常識能判斷這些東西提供出去，會被別人拿去詐欺犯罪。

▲圖2：屬於個資的東西，不要毫無防備交給他人。

想要避免因個資外洩而惹上官司，請至少這樣做：

1. 不要輕易當保人

作保有分「一般保證」與「連帶保證」，兩者的差異是，假設你幫朋友作保，但他跑路了，「一般保證」代表銀行必須先向你的朋友追債，追債不成才能來找你，而「連帶保證」則是銀行不必先跟你的朋友追債，就可以直接要你替他償還。不管是哪一種，都是你用自己的身家財產，幫別人做擔保。

2. 好好保護個資

當必須提供身分證影本時，一定要載明僅供何種用途使用，以免被有心人士拿去複印濫用。另外，印章也最好不要刻太容易被仿製的字體。

幫助犯的法律定義

刑法第30條：幫助他人實行犯罪行為者，為幫助犯。雖他人不知幫助之情者，亦同。

口頭與書面合約，法律效力相同

曾有個年輕朋友分享他的故事，可能也是你我曾經歷過的事：

還記得我剛出社會的第一份工作，還沒屆滿「試用期」，公司人資主管就急著要我簽約，合約要求我必須做滿一年，其間不得任意離職，否則就得以N個月的薪水賠償公司的損失。

當時，我不知道這種契約並不合理，公司怎麼說，我就怎麼做。但在職場上打滾多年後，我才知道，在比較遵守勞基法規範的公司裡，除非公司有支付高額費用送員工去受訓，才會要求員工簽這種「至少做滿多久」的合約。而且就算毀約，最多也只是要求員工把受訓費用還給公司，並不會要求員工賠償N個月的薪水。在當年，由於害怕得賠償N個月的薪水，不僅膽戰心驚了許久，連公司有不合理的要求，也不敢輕易離職。

隨著之後在外租屋、轉換工作跑道，乃至於購買保險、辦信用卡、申請網路，林林總總加起來，還是簽了不少份合約，也常常簽了合約後感到惶恐不安。

看了以上的案例，我們可以知道合約很重要且無所不在，但也不需要聽到合約就害怕，因為不是每種合約都會有嚴峻的懲罰性條款。為了避免糾紛，在看合約時，要特別注意以下幾點。

1. 只要發生交易行為，就有契約產生

我們每個人每天都進行許多合約交易，例如：早上上班搭公車，就是與客運公司發生「載客服務合約」；旅行時入住飯店，也是跟該飯店簽訂「租賃合約」。只是這種交易行為經常發生，契約的產生不需要白紙黑字、雙方簽名蓋章，因此我們很少會想到這些事情會有契約關係。

儘管如此，如果交易發生糾紛，消費者還是可以依約要求賣家賠償的。比方

說，飲料業者在廣告上，標示他們的飲料容量是五百毫升或七百五十毫升（這就是一種契約）。但經過實際測量，卻發現容量短少，這時業者已經涉及廣告不實，消費者可以要求業者退款或減少價金。

2. 口頭與書面合約，法律效力相同

另一個需要注意的是，別以為沒有簽約，一切就不具法律效力；事實上，口頭契約的法律效力，與書面契約是一樣的。

台灣就曾發生過一對夫妻幫朋友購買彩券，得獎後私吞九・二億元的獎金，結果被判刑的案例。這個二〇一〇年轟動一時的案子，是由高雄地檢署受理偵辦，檢察官根據電話通聯、簡訊以及測謊，認定這對夫妻意圖私吞高額彩金，最後，判他們背信罪。

雖然最初掏錢出來買彩券的是這對夫妻，而且彩券本身也沒有記名，但因為是他們的朋友透過電話指明要簽特定號碼，等於口頭約定代買彩券，因此彩券的所有權不屬於他們。

3. 不合法的合約，簽了也不具法律效力

曾有個報導：一位已婚男士與自己的女性員工搞婚外情，兩人還簽下「性愛合約」。分手時，雙方鬧到警局。警方發現，該性愛合約的內容大意包括：女方每星期必須與男方做愛三次、女方必須潔身自愛，不得感染性病傳染給他。

再者，男方按月給女方一萬至兩萬元的包養津貼，但女方如果做愛次數少一次，就算違約，男方可預扣兩千元。反之，如果男方遲付津貼，延遲一天得加付一千元的違約金等等，內容鉅細靡遺的程度，令人咋舌。

但根據民法第七十二條規定：「法律行為，有背於公共秩序或善良風俗者，無效。」公共秩序是指國家社會的一般利益；善良風俗則指國民的一般道德觀念。

用契約明訂一定期間內應做愛幾次，等於把「性」當做買賣的約定行為，顯然違反善良風俗，這份契約就沒有法律效力，自然也不必繼續遵守下去。

4. 善用審閱期好好看清楚合約

所有合約都有審閱期，請務必要善用這項權利，仔細檢視合約的內容，才不易上當受騙或吃悶虧。曾有位譯者，剛入行時曾與出版社簽下一份翻譯合約，譯稿交件後卻遲遲收不到翻譯稿費。原來根據合約，書要到出

▲圖3：若契約不合法，簽了也不具法律效力。

版後才會支付翻譯稿費，如果出版社決定不出版這本書，就不必付他稿費了。

有了這次經驗，他之後就懂得，在簽約時，要求出版社在合約裡加上一條：「如果出版社決定不出版此書，還是必須在一定的期限內交付譯稿費用。」

一般而言，在正式簽約前，雙方都會先審閱草約，此時有任何意見，都要盡量提出來討論，千萬不要因為信任對方，或是制式合約，就馬上簽下去。如果等到履約時，才發現自己的權益受損，或是合約內容對自己不利，就後悔莫及了，而且為了爭取自身權益，可能得走上訴訟一途。

法律行為無效的相關法條

民法第七十二條規定：「法律行為，有背於公共秩序或善良風俗者，無效。」

圖 4

看合約要注意人、事、時、地、物

以下用網路上的一份專案外包合約範本，説明審閱合約時該注意的事項。

人

必須是身分證上的真實姓名與立案公司名稱，不能是網路暱稱或筆名。

事

是最主要的合約內容，也就是雙方約定的事項，要留意違約是否有懲罰性條款，及是否有提出擔保物做為履約保證。

時

明確約定簽約及履約時間，口頭約定也可以，但須詳細記錄流程以留下證據。

物

仔細檢查合約文字有沒有問題，最重要的是，要看清楚交易費用與入帳時間。

地

除非特別要求，否則決定管轄合約糾紛法院的，通常是製作合約的甲方。

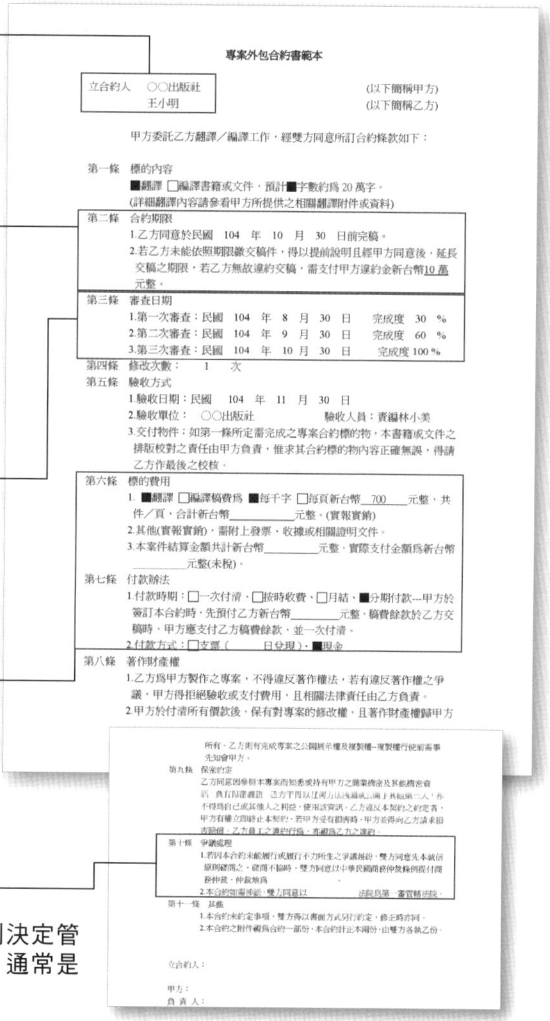

專案外包合約書範本

立合約人 ○○出版社 (以下簡稱甲方)
王小明 (以下簡稱乙方)

甲方委託乙方翻譯／編譯工作，經雙方同意所訂合約條款如下：

第一條 標的內容
■翻譯 □編譯書籍或文件，預計■字數約為 20 萬字。
(詳細翻譯內容請參看甲方所提供之相關翻譯附件或資料)

第二條 合約期限
1.乙方同意於民國 104 年 10 月 30 日前完稿。
2.若乙方未能依照期限繳交稿件，得以提前說明且經甲方同意後，延長交稿之期限，若乙方無故違約交稿，需支付甲方違約金新台幣10 萬元整。

第三條 審查日期
1.第一次審查：民國 104 年 8 月 30 日 完成度 30 %
2.第二次審查：民國 104 年 9 月 30 日 完成度 60 %
3.第三次審查：民國 104 年 10 月 30 日 完成度 100 %

第四條 修改次數： 1 次

第五條 驗收方式
1.驗收日期：民國 104 年 11 月 30 日
2.驗收單位： ○○出版社 驗收人員：責編林小美
3.交付物件：如第一條所定需完成之專案合約標的物，本書籍或文件之排版校對之責任由甲方負責，惟求其合約標的物內容正確無誤，得請乙方作最後之校核。

第六條 標的費用
1. ■翻譯 □編譯稿費為 ■每千字 □每頁新台幣 700 元整，共 件／頁，合計新台幣＿＿＿＿元整。(實報實銷)
2.其他(實報實銷)，需附上發票、收據或相關證明文件。
3.本案件結算金額共計新台幣＿＿＿＿元整，實際支付金額為新台幣＿＿＿＿元整(未稅)。

第七條 付款辦法
1.付款時期：□一次付清、□按時收費、□月結、■分期付款---甲方於簽訂本合約時，先預付乙方新台幣＿＿＿＿元整，稿費餘款於乙方交稿時，甲方應支付乙方稿費餘款，並一次付清。
2.付款方式：□支票（ 日兌現）、■現金

第八條 著作財產權
1.乙方為甲方製作之專案，不得違反著作權法，若有違反著作權之爭議，甲方得拒絕驗收或支付費用，且相關法律責任由乙方負責。
2.甲方於付清所有價款後，保有對專案的修改權，且著作財產權歸甲方所有，乙方則有完成專案之公開展示權及複製權--複製權行使前需事先知會甲方。

第九條 保密約定
乙方同意因參與本專案而知悉或持有甲方之商業機密及其他機密資訊，負有保密義務，乙方不得以任何方法洩漏或公開予其他第三人，亦不得為自己或其他人之利益，使用該資訊。乙方違反本契約之約定者，甲方有權立即終止本契約，若甲方受有損害時，甲方並得向乙方請求損害賠償。乙方員工之違約行為，亦視為乙方之違約。

第十條 爭議處理
1.若因本合約未能履行或履行不力所生之爭議糾紛，雙方同意先本誠信原則磋商之，磋商不諧時，雙方同意以中華民國商務仲裁條例提付商務仲裁，仲裁地為 。
2.本合約如需涉訟，雙方同意以 法院為第一審管轄法院。

第十一條 其他
1.本合約未約定事項，雙方得以書面方式另行約定，修正時亦同。
2.本合約之附件視為合約一部份，本合約計正本兩份，由雙方各執乙份。

立合約人：

甲方：
負 責 人：

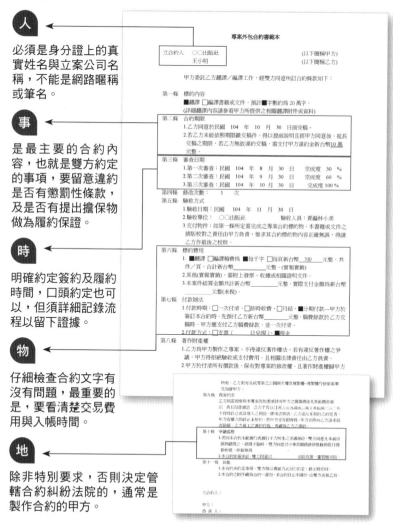

重點整理

- 只要名字或身分證號碼出現在某份文件上，在法律上就表示，必須為自己的承諾負責。
- 想要避免因簽名或個資外洩而惹上官司，至少要做到以下兩點：不要輕易當保人、好好保護自己的個資。
- 別以為沒有簽約，一切就不具法律效力。事實上，口頭契約的法律效力，與書面契約是一樣的。
- 所有合約都有審閱期，請務必要善用這項權利，仔細檢視合約的內容，才不易上當受騙或吃悶虧。
- 民法第72條規定：「法律行為，有背於公共秩序或善良風俗者，無效。」

法律筆記

NOTE

第2章

有糾紛一定要打官司嗎？可用和解及調解

打官司花錢又花時間，先尋求和解或調解

「老李是小張的業務部門主管，因為年關將近，兩人結伴拜訪公司重要客戶。過程中，難免要交際應酬一番。由於老李身體欠佳不能喝酒，所以常常慢跑、身體健康的小張，只好陪客戶一杯接著一杯……

把公司客戶一一灌倒後，老李負責開車，載著醉得不省人事的小張回家。途中，老李因一時視線不清，不小心撞傷了騎車沒開大燈的夜店洗碗工讀生，害得他摔車小腿骨折，還波及了違規停在路邊的百萬積架名車。

小張運氣也沒好到哪裡，雖然沒有受傷，但老婆到了現場見到他後，馬上對他大發雷霆。因為，她本來就一直希望小張能換掉需要喝酒應酬的業務工作，這時

見到小張又因為工作喝酒出車禍，忍不住又提換工作的事。小張在老李面前，當然不可能表示想換工作，覺得老婆哪壺不開提哪壺，仗著酒意就與她大聲吵起來，兩人吵到不可開交，連離婚兩個字都脫口而出。

路人見到車禍馬上報警和叫救護車；愛車被波及的積架車主，也因警報器的巨響下樓查看，一看到自己的愛車無辜受池魚之殃，就破口大罵……。一大群人吵吵鬧鬧，最後通通跟著到場處理的警察進入派出所……。

這情節每天都在各地上演。這些糾紛說大不大，但是又與每個當事人的切身利害相關，當發生這些糾紛時，如果對方死不認錯，我們往往就會脫口說出：「我要告你！大家法院見！ＸＸ娘！（結果害自己成了被告）」但當情緒平復後最好還是想想，是否真的值得上法院？其中牽涉的最重要因素，不外乎就是錢和時間。

我們在決定如何解決法律糾紛時，除了考量到案子本身的賠償金額，以上述例子而言，洗碗工讀生骨折就醫的醫藥費、無法上班的工資損失、未來勞動力損失、因車禍所必須增加的生活支出、彌補所受痛苦的慰撫金，以及法律上已規定的請求之外，我們也應該要一併考慮「解決這個爭議要耗費的勞力、時間跟費用有多少？」諸如：裁判費、律師費、執行費、奔波出庭的交通費用，必須向公司請假，甚至案件上訴而拖延等等，這些都是隱形的成本。

再以騎機車被撞的工讀生為例，若他請律師起訴求償，就算得到賠償，但扣掉律師費（如打完地方法院的官司，費用至少就要花數萬元，若再上訴就算另一審級，要另外算錢），剩下的恐怕也不多了。

開車撞人的老李，如果堅持沒錯，不請律師自己處理，那麼每次開庭他就得跟公司請假，除了本來就要賠給工讀生的錢以外，為了開庭請假而損失的薪水也是成本。

所以，生活當中發生糾紛時，我們要先想想如果上法院打官司，所耗費的各項成本是否划得來？除了上法院是否還有其他的解決方法？在這個前提下，和解及調解就是可以解決紛爭的優先選項。

我國在法制上設有調解、和解等制度，就是為了提供我們在訴訟以外，另一個解決生活中大小糾紛的選擇。如果所牽涉的利益相當龐大，不計代價也要討回公道，那以訴訟方式讓法院一一詳細審酌雙方權利義務，確實無法避免。但如果只是生活中的小小糾紛，那麼省事、省時又省錢的和解或調解，可能是解決糾紛的最好辦法。

一般來說，調解主要是針對單純的財產損失類糾紛，例如：勞資糾紛、房屋修繕、行車意外、消費爭議等等，如果不涉及傷害等刑法罪責，那透過調解來找出賠償的共識，是比較簡單的方法。

由於和解、調解也有助於節省司法資源，因此法律規定，土地建物、房屋租金、交通事故、醫療糾紛、勞資爭議、合夥人糾紛、親人或配偶間的財產爭議等糾紛案件，都必須強制先經過調解程序，調解不成才能進行訴訟。

▲圖5：遇到糾紛不一定要打官司。

圖 6

請律師打官司，費用無公定標準

打官司有非常多的程序，其中每個項目律師都會收費，在決定找律師打官司之前，最好先評估會花掉多少律師費。

要特別注意，律師費沒有公定標準，而且依照案件的不同情況，會有不同的收費。如果是知名律師，費用可能會比一般高出數十倍；若是非常複雜的案件（例如：經濟犯罪），或打完官司要開庭數十次的案件，費用的增加完全無上限，數十萬到數百萬都有可能。

項目	費用
律師函	約 8,000～15,000元
存證信函	約 4,000～10,000元
各式訴狀（起訴狀、答辯狀、抗告狀、上訴狀等）	約 6,000～12,000元
諮詢費	約 2,000～8,000元（每小時）
出庭費	約 4,000～6,000元（每小時）
訴訟委任	民事5～7萬元、刑事6～8萬元
陪同偵訊、筆錄	日間6,000起（每小時） 夜間8,000起（每小時）

（本編輯中心整理）

好好說、自己喬，解決糾紛最簡單的方式——和解

和解又分「私下和解」和「訴訟上和解」。其中私下和解的定義說簡單點，就是「自己喬」——雙方好好地坐下來談，透過溝通來解決問題，只要解決方式是兩方都能接受的並達成共識，最後完成一份和解書，糾紛處理就結束了。

進行私下和解時，為了自身安全最好有其他人陪同，並在公開場合進行，較能避免一言不合擦槍走火。

和解時最重要的步驟，就是完成一份具有法律效力的和解書，民法中與和解書的相關規定如下：

- 和解書由爭議雙方達成協議。

- 和解書含有和解雙方的身份資料、事件的經過說明、和解金額或條件、雙方簽名畫押。
- 和解書內容中聲明雙方放棄請求其他賠償，且不得再另行提告，或是已經提告的要加以撤回（包含民事、刑事訴訟）。

上述最後一點最重要，表示和解後雙方都不能再提起告訴或要求其他賠償。但如果自己是車禍受害者，擔心因為受傷而有還沒發現的後遺症，那就要另外註明：若有診斷證明和事件相關，可以另外要求賠償。

私下以和解書和解又稱「訴訟外和解」。但要注意的是，和解契約雖有法律效力，但若對方反悔不願履行，我們還是必須提起訴訟，請求履約之訴及強制執行才能實現權利。

▲圖7：法庭上的和解，法律效用比私下和解大。

法院上和解，可直接聲請強制執行

另一種和解是「訴訟上和解」，因雙方對賠償無法達成共識而進入訴訟階段。如果案件為較單純的財產損失，那法官多半會促成雙方和解，而且這種法庭上的和解法律效力比私下和解大，所做的和解筆錄直接等同於判決，對方若不履行，可以聲請強制執行。

值得注意的是，刑事犯罪是屬於非告訴乃論罪，即使雙方和解也無法撤回告訴。但是否與被害人達成和解，是法官在判刑時很重要的參考依據。所以，請盡力表達誠意與對方達成和解。

關於和解的相關法條

民法第736條：稱和解者，謂當事人約定，互相讓步，以終止爭執或防止爭執發生之契約。

民法第738條：和解不得以錯誤為理由撤銷之。但有左列事項之一者，不在此限：

一、和解所依據之文件，事後發見為偽造或變造，而和解當事人若知其為偽造或變造，即不為和解者。

二、和解事件，經法院確定判決，而為當事人雙方或一方於和解當時所不知者。

三、當事人之一方，對於他方當事人之資格或對於重要之爭點有錯誤，而為和解者。

圖 8

有效和解書必須具備5大要件

和解時最重要的步驟，就是完成一份具有法律效力的和解書，其中要有以下五大要件：

車禍現場・簡易和解書

甲方：馬小九　（以下稱甲方）
乙方：蘇小昌　（以下稱乙方）

一、肇事情形：

2020年10月31日上午10時甲方馬小九駕駛AB-1234號自小客車於臺北市基隆路一段176號前發生車禍，追撞前車致乙方蘇小昌駕駛其所有CD-1234號自小客車尾受損。

二、和解內容：

1. 甲方同意修復乙方本次事故所致車輛受損〈及車輛損壞修復全部費用〉。
2. 乙方將車輛牽往乙方指定維修廠估價　並通知甲方前往支付所有修理費用
3. 雙方同意依此圓滿解決，互不追究民、刑事責任，概無意義。

三、立書人：

甲　　方：馬小九　〈簽名、蓋章或捺手印〉
身分證字號：A123456789
地　　址：臺北市中山路1號
電　　話：02-8888-8888、0999-123-456

乙　　方：蘇小昌　〈簽名、蓋章或捺手印〉
身分證字號：A123987654
地　　址：臺北市中正路2號
電　　話：02-7777-7777、0987-654-321

中華民國 109 年 2 月 31 日

1. 和解雙方的真實姓名、身分資料
2. 事件發生時間和經過說明
3. 和解條件、賠償方式
4. 雙方放棄其他民事、刑事賠償責任
5. 雙方簽名、和解書簽訂時間

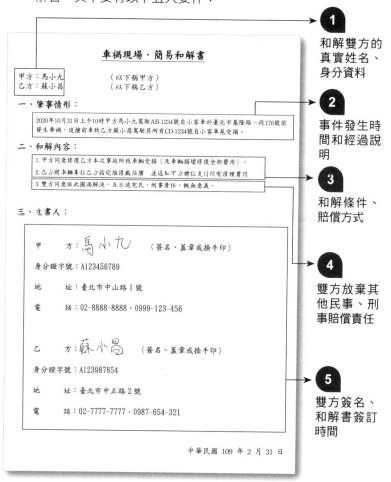

請人主持公道，不上法院的判決——調解

打官司之前，還能用「調解」來解決爭端，而且與和解比起來，因為有調解委員當公證人，所以調解的執行效力更強。我們就以上頁和解書的追撞事故為例，來說明採用調解程序的優點。

1. 省錢

馬小九和蘇小昌兩人在請求受傷及車子損失的賠償時，政府調解委員會所收的調解費用，會比打官司直接起訴的法院裁判費便宜。如向法院聲請調解，標的金額在十萬以下免費，若超過十萬會收調解費，但金額不高，基本上是一千元，除非目標金額超過一百萬才會再加收。若是在鄉鎮市調解，依照鄉鎮市調解條例第

二十三條規定，除勘驗費應由當事人核實開支外，是不收費的。

2. 省時

打官司時法官扮演的是裁判者，但調解委員是中立的協調者角色，他們的任務是是找出雙方都可以接受的解決方案。例子中的馬小九和蘇小昌是否有過失，若打官司，會耗費不少時間調查證據才能判斷責任，但調解的重點是在順利解決紛爭，相對之下證據調查就不那麼重要了。

3. 省事

調解成立後雙方所協議的調解內容，就跟確定判決有一樣的效力，不可以再提起上訴，而且如果有一方要賴，不依照調解內容履行應盡的義務，另一方可以直接聲請法院強制執行。

4. 不用撕破臉

馬小九和蘇小昌兩人，如果一開始不願意好好談出結果，鬧上法庭後的攻防過程通常都會非常直接、不留情面，彼此會產生更多心結，讓事

▲圖9：專業的調解委員居中協調，能顧及雙方利益和方案。

件變得更複雜。

5. 專業分工

有些案件需要各種專業才能處理，雙方可以選擇有會計、金融、建築、勞工等專業知識的調解委員，由專業角度提出建議，會比法官更能照顧到雙方利益及方案可行性。像是離婚這類型的家事案件，調解委員甚至會有心理師、社工師，或具備諮商相關背景的人，除理解雙方需求外，也有傾聽、輔導的功能。

6. 官司權益受保障

調解也不是每次都能成功，如果雙方無法達成共識，那當事人還是可以提告，雙方在調解過程的認錯、讓步或妥協都不算數，進了法院就是重新開始。

舉一個演藝圈的例子。藝人邵昕的前妻婷婷，二〇一三年初，駕著白色的賓士雙門跑車行經桃園市區時，因為路況不熟，發現車開過頭而急著調頭，由中線車道急切進內線車道，內線後方的保時捷跑車來不及閃避，導致和婷婷的座車擦撞。

兩輛車的駕駛都沒受傷，但婷婷的賓士駕駛座車門擦出黑色痕跡，而保時捷的保險桿損壞、右邊後照鏡被撞掉，兩方的損毀都不算嚴重，但因為雙方都堅持自己沒有錯不肯和解，如果送交調解還是不成，依然可以走上打官司一途。

圖 10

和解、調解、訴訟的差異比較

解決糾紛有三種方式——和解、調解、訴訟，這當中有什麼不同呢？透過下表讓你一目了然。

類型	和解	調解／一般調解	訴訟
花費時間	立即～幾天	幾天～幾個月	至少幾個月
需要費用	幾乎沒有費用	數百元～數千元	至少數千元～無上限
法律效力	低	中 法院核定後 等同判決確定	高
雙方關係	好好溝通 不用撕破臉	尚可	最後幾乎 完全翻臉
程序	非常簡單	簡單	非常麻煩

和解或調解必做的3件事：錄音、結伴、蒐集證據

第1件事：錄音是最好的採證方法

當我們和他人發生糾紛時，錄影或錄音都是有效的採證方法，尤其隱密性佳的錄音方式更是常見，但如果對方知道我們在錄音採證，絕對不會說實話，只有在秘密錄音狀況下才能取得有利證據。

但許多人認為，如果在不知道的狀況下被錄音，是侵犯自己的隱私權，違反妨害秘密罪，也不會被法官採信。又有人說，如果是在公眾場合，秘密錄

◀圖11：為了採證，秘密錄下自己和對方的對話不算違法。

音就沒有侵犯隱私權的問題。**其實，對方知不知道或是否為公開場合，都不是秘密錄音是否違法或被法官採用的關鍵。**

秘密錄音是否違法、無效，有兩大重點：在刑法和其他相關法律中，都規定若不是「無故」，且竊錄不是為了非法目的，就不會觸犯妨害秘密罪，所以若是為了舉證而秘密錄音並不犯法。

另一項重點，就是錄音者自己是否也在對話中。根據通訊保障及監察法中，規定錄音者沒有非法目的，而且錄下的是自己和對方的對話就不犯法，但如果是偷錄別人之間的談話或影像，就是觸犯妨害秘密罪。

所以，如果是因為和別人發生糾紛，可放心使用秘密錄音的方式。**只要是為了採證，且錄下的是自己和對方的對話，是絕對合法且有力的證據**。在近來的許多判決中，錄音都是勝訴與否的重要證據。

▲圖12：和解或調解時，最好結伴前往。

第2件事：和解或調解時，最好結伴不要單獨前往

發生衝突糾紛時，剛開始雙方一定是處於對立、敵意的狀態，所以進行和解或調解時，最好有人陪同前往，較能保護自己。

「那有調解委員在場的調解，就可以一個人去吧？」錯！因為調解委員的調解目的，是讓雙方溝通出賠償的共識，所以若遇到蠻橫無理的對象，隻身一人很容易因受到壓力而屈服。調解時，能有一位有調解經驗，或稍微熟悉法律的朋友陪同，除了有助壯膽，還能幫忙出主意，較不容易吃虧。

秘密採證相關法條

刑法第315之1條第2項：「無故」以錄音、照相、錄影或電磁紀錄竊錄「他人」非公開之活動、言論、談話或身體隱私部位者，處3年以下有期徒刑、拘役或30萬元以下罰金。

通訊保障及監察法第29條第3項：監察者為通訊之一方或已得通訊之一方事先同意，而非出於不法目的者，不罰。

第3件事：多蒐集證據或法條，和解、調解更有利

就和上法院需要律師的道理一樣，和解及調解時，如果自己能瞭解雙方所牽涉的責任，手上的證據和瞭解的法條越多，談判時越能據理力爭，甚至避免調解委員不公的情形。

除了用錄音蒐集證據，如果受傷了，就要到醫院或診所驗傷取得證明；如果是車禍有損壞，就要到車廠進行檢修，請維修廠開立估價單；如果是房屋修繕的糾紛，最好請技師工會等第三方機構檢查後說明，都能為自己爭取應有的權利。

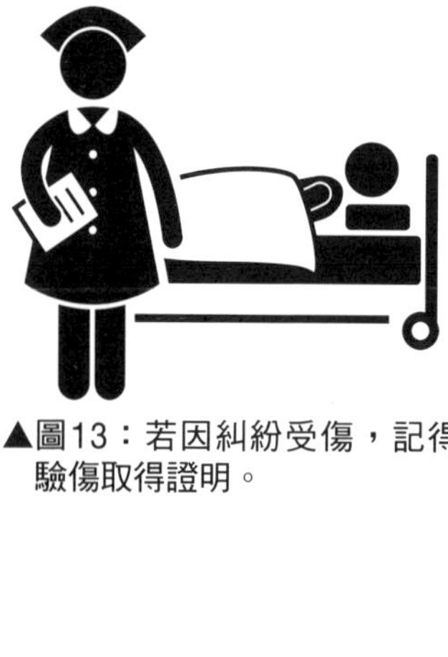

▲圖13：若因糾紛受傷，記得驗傷取得證明。

重點整理

- 如果只是生活中的小糾紛，省事、省時又省錢的和解或調解，可能是解決爭端的最好選擇。
- 調解主要是針對單純的財產損失類糾紛，例如：勞資糾紛、房屋修繕、行車意外、消費爭議等等。
- 打官司之前，還能用調解來解決爭端，與和解比起來，因為有調解委員當公證人，所以調解的執行效力更強。
- 和別人發生糾紛，可放心使用秘密錄音的方式採證。只要竊錄不是為了非法目的，且錄下的是自己和對方的對話，是絕對合法且有力的證據。

JUSTICE

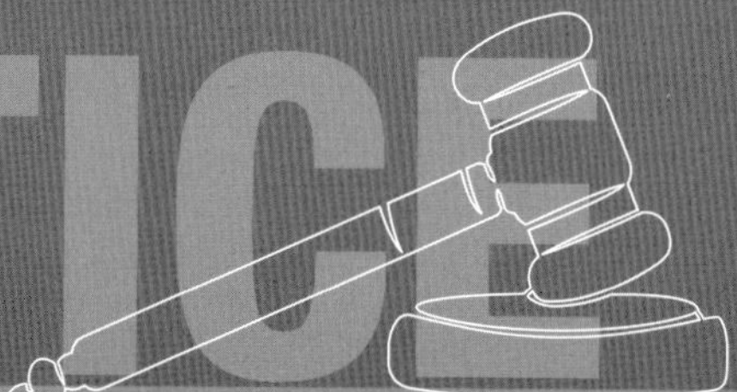

第2部

達人用66張圖，教你用法律防身自保50招！

LAW &

第3章

工作職場篇——老闆突然將你減薪、低報勞保……

Q01 老闆可以不經預告，就終止勞動契約嗎？

「喂！楊過，我被老闆無預警 fire 了！」

楊過的好友宋青書深夜打電話來哭訴。原來，宋青書在一間公司擔任業務經理好幾年，仗著自己的職位和資歷，常在上班時間上網玩遊戲或購物。前陣子失戀，工作態度變得更加意興闌珊，不管是對業務或是部門管理都漠不關心，還經常未事先報備就不來上班，造成公司很大的困擾。

這一天，公司以宋青書違反勞動契約「情

▲圖14：老闆任意開除員工，會衍生許多問題。

節重大」為由，勒令他做到當天下班就自動離職，且言明不會發資遣費給他。宋青書覺得這樣不合理，於是盤算著要提告。

在法規的認定裡，員工與雇主之間互相有責任義務：員工必須依照雇主的指示完成工作；雇主則必須提供良好的工作環境並準時發薪水。

宋青書在上班時間做自己的事情，沒有盡到做好工作本分、好好管理部屬之責，出勤狀況又不佳，顯然該盡的義務都沒有做到，雖然沒有造成公司嚴重的損失，但他的行為已經影響到公司的正常運作，著實可以認定為「情節重大」。所以，就算他真的提告了，法院也會判決公司開除他有理。

但有些雇主會自行把「情節重大」無限上綱，而

情節重大相關法條

勞基法第 12 條第 1 項第 4 款：勞工有違反勞動契約或工作規則，情節重大者，雇主得不經預告終止契約。

勞基法第 18 條：依勞基法第 12 條規定終止契約者，勞工不得向雇主請求加發預告期間工資及資遣費。

大部分的員工也沒有弄清楚勞基法對「情節重大」的定義，突然被公司以此為由開除，通常都只會摸摸鼻子認了。其實，所謂的「情節重大」必須由客觀事實認定，不是雇主說了算。

曾有新聞報導，一位護理師因為生理期不適向醫院請假，之後吃藥昏睡而沒接到醫院緊急打來的電話，就被醫院以情節重大為由無預警解僱。醫院認為她沒有找代理人，緊急狀況又找不到她，就是造成院方的困擾，所以得以立即開除。

但客觀來看，這位護理師的行為不到必須被解僱的程度，勞工陣線秘書長孫友廉針對此個案指出，這應算是「無效的解僱」，因為護理師的行為不符合情節重大。

除了情節重大之外，勞基法對於公司能否開除員工，也有明確的規範。像是公司倒閉、嚴重虧損等特殊情況，最常見的就是，若員工無法勝任工作，就可以合

解雇員工所需預告時間

員工工作時間	雇主預告時間
3 個月以上	10 天前
1 年以上	20 天前
3 年以上	30 天前

▲圖15：雇主解僱員工，必須提早告訴當事人。

法解僱。但這些解僱理由都必須提早告知員工，而且在預告期間，這位員工每週可以請兩天謀職假；如果他要請假出去面試，公司也必須支付請假期間的薪水。

不過，有些狀況是公司可以「立即」開除員工的，像是員工無故曠職、違反工作規則、惡意讓公司遭受嚴重損失等，但公司必須在發現有這些情形的三十天內，就解僱該名員工。

如果雇主的解僱理由不符合勞基法所條列的情況，員工可以請法院確認與公司之間的僱傭關係，並要求公司繼續支付薪水。另外，可以向勞務提供地之勞工局申請勞資爭議調解，調解期間無法正常至公司工作，雇主也必須支付這段時間的薪水。

符合情節重大法律規定

根據最高法院 105 年度台上字第 1894 號判決，勞工是否符合違反勞動契約或工作規則「情節重大」之要件，應綜合考慮下列因素：

一、勞工之違規行為態樣
二、初次或累次
三、故意或過失違規
四、對雇主及所營事業所生之危險或損失
五、商業競爭力、內部秩序紀律之維護

Q02 薪水3萬元，勞保投保金額變2萬8千元，公司違法嗎？

「楊過在新公司面試時，談定的薪水是二萬元，但第一次領到薪資單時，卻發現列出來的本薪只有兩萬八千元，其餘的二千元是交通津貼。雖然薪水沒有少拿，但他突然想起會計跟他說過，公司會以「本薪」為投保薪資，為他申報加保。讓他不禁懷疑，公司是不是故意高薪低報，以節省公司所須負擔的保費金額。」

根據勞基法，雇主在申報員工的投保薪資時，不能只計算「本薪」而已，而是要把員工會拿到的所有報酬全部計算進去，薪資單上另外列出的加班費、伙食津貼、全勤獎金、交通津貼、績效獎金、生產獎金、工作獎金等，都應該列入投保薪資計算，而且不管是多報還是少報都是違法。另外，由於勞保投保薪資的上限是四萬五千八百元，如果月薪超過這個數字，也只能以此金額投保。

在這個依據下，如果楊過的公司只有幫他投保兩萬八千元的本薪所得，就違反了勞工保險條例第七十二條規定，政府可罰該公司少繳金額的四倍罰款。楊過雖然得以少繳一些保費，但未來能享受到的保險權益也會受損。

曾有新聞報導，一位月薪五萬元的廚師，在上班途中出車禍過世，家人申請職災補助時才發現，餐廳老闆幫他投保的薪資只有兩萬八千元，導致原本應有兩百多萬元的死亡給付，變成只剩一百萬元左右。餐廳高薪低報投保薪資，就直接影響了廚師家人的理賠權益。

大部分的員工都不太會特別去詢問，公司幫自己投保的薪資是多少，這使得部分中小企業為了節省成本，會刻意將投保金額高薪低報。其實，不僅中小企業，有些員工多

▲圖16：投保薪資少報或多報都是違法。

達上萬人的大企業，也有可能為了規避勞健保費用，而低報員工的投保薪資。

很多勞工都是等到出事了，請求職災補助，才發現自己的投保金額被低報，這時處於弱勢的勞工，只能要求雇主補繳勞保費差額。若是雇主不肯，就得向勞動部勞工保險局申訴，爭取應得的權益。

投保薪資相關法條

勞工保險條例第 72 條第 3 項：投保單位違反本條例規定，將投保薪資金額以多報少或以少報多者，自事實發生之日起，按其短報或多報之保險費金額，處 4 倍罰鍰，並追繳其溢領給付金額。勞工因此所受損失，應由投保單位賠償之。

Q03 到職日當天就要投保，否則萬一發生職災不賠？

楊過騎機車向來很猛，女友小龍女怎麼勸，他都聽不進去，老是以為衰事不會發生在自己身上。沒想到，他去新公司工作的第一天下班途中，竟與一台公車擦撞，造成大腿骨折需要休養至少三個月。才剛上班就要請長假，這讓楊過很擔心新公司的勞保來不及生效，不能申請職災補助，又怕請長假會被開除而焦急不已……。

▲圖17：到職日加勞保，若當天下班出車禍，可申請職災補助。

上下班途中也算是職災的認定範圍，這是大多數的上班族都已經有的認知，但其中出現的模糊地帶，會讓員工擔心拿不到職災傷病給付補助。曾有新聞報導，一位勞工在到職日當天上班途中出車禍，傷勢嚴重必須住院一段時間，他要申請職災補助，卻因為出事時，公司還沒有幫他辦理勞保加保手續而拿不到錢。

在法律上，**公司在新員工到職的當天，就應該幫他辦理勞保，而保險的效力是從辦理當天的凌晨零點開始生效**。所以，就故事裡的楊過而言，只要公司有依法幫他加保，雖然是上班第一天就出車禍，還是拿得到職災補助。

但是，有些雇主會因為各種原因，延後幾天才向勞保局辦理加保手續。為了避免真的倒楣在這段空窗期發生職災，造成申請職災傷病給付的困擾，大家在上班第一天，就可以藉由詢問來提醒公司「一定要在當天就加保」。

▲圖18：上班第一天，提醒公司「一定要在當天加保」。

另一個模糊地帶則是，員工提出離職且公司批准後，才受到職業災害，若是必須休養的時間超過離職日，就會擔心離職後的日子沒有補助。

這一點勞基法已經有明確規範，雇主的補償責任不會因為員工離職而受到影響。此外，在離職退保的一年內，職災的給付也一樣拿得到，並不會因為已經退保就失去保障。

勞工職業災害相關法條

勞工職業災害保險職業傷病審查準則第 4 條第 1 項：被保險人上下班，於適當時間，從日常居、住處所往返勞動場所，或因從事第二份以上工作而往返於勞動場所間之應經途中發生事故而致之傷害，視職業傷害。

勞工保險條例第 20 條第 1 項：被保險人在保險有效期間發生傷病事故，於保險效力停止後一年內，得請領同一傷病及其引起之疾病之傷病給付、失能給付、死亡給付或職業災害醫療給付。

圖 19

車禍申請職災補助，應準備的5張表格

不管是平時上班還是出差在外，若在住處與工作地點之間的往返途中發生車禍受傷，可備齊下列資料申請職災補助。

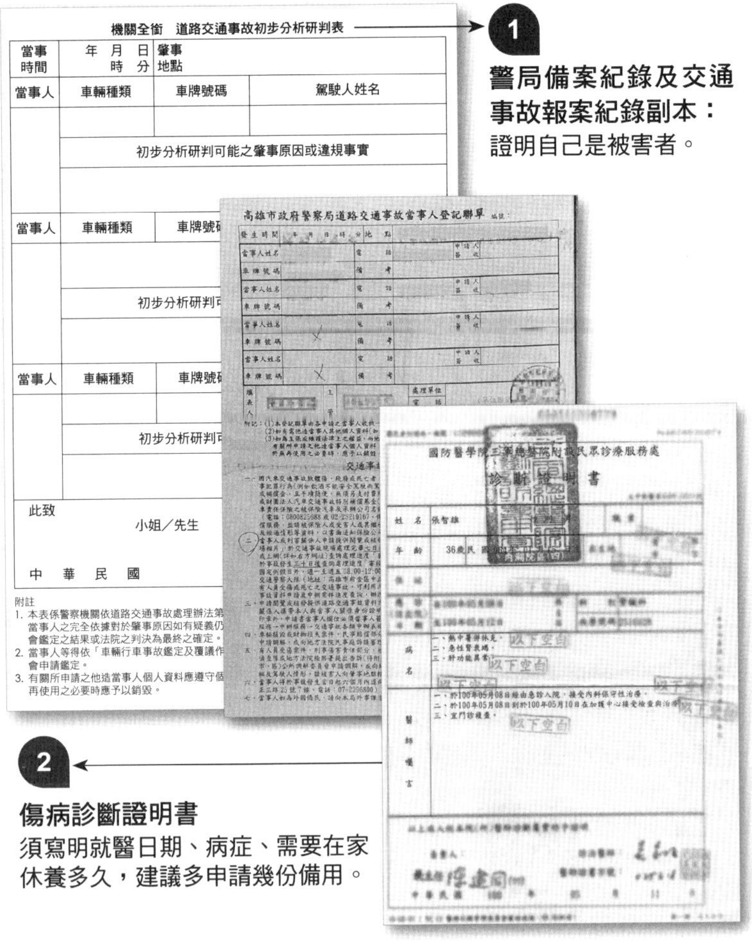

1

警局備案紀錄及交通事故報案紀錄副本：
證明自己是被害者。

2

傷病診斷證明書
須寫明就醫日期、病症、需要在家休養多久，建議多申請幾份備用。

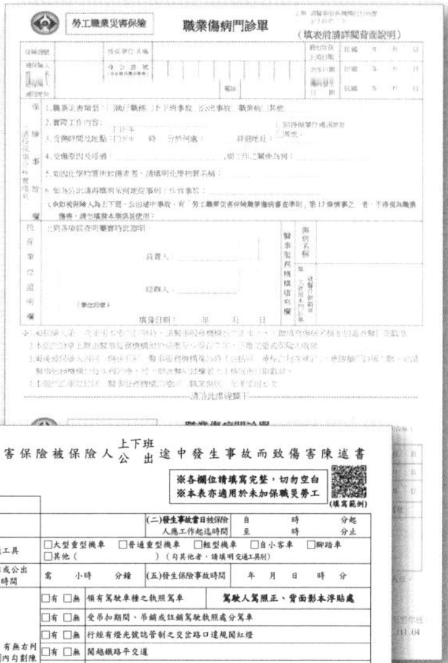
勞工職業災害保險　職業傷病門診單　（填表前請詳閱背面說明）

3

職業傷病門診單：
可至勞保局網站下載或到投保單位索取。

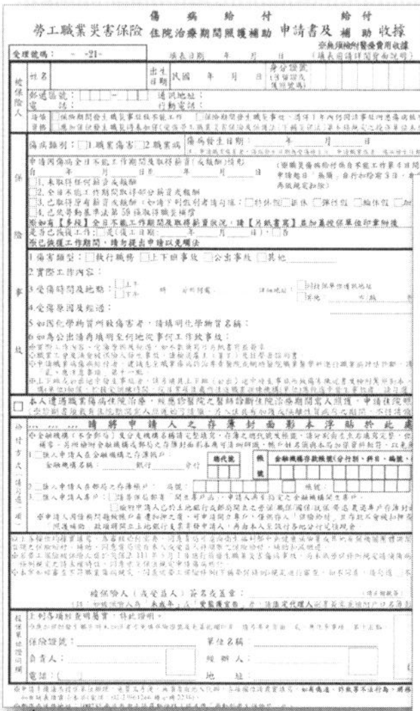
勞工職業災害保險　傷病給付　住院治療期間照護補助　申請書及給付收據

4

勞工職業災害保險傷病給付、住院治療期間照護補助申請書及給付收據：
在勞保局網站下載，如果傷重造成殘廢，要再另外申請「勞工職業災害保險失能給付」。

勞工職業災害保險被保險人上下班公出途中發生事故而致傷害陳述書

※各欄位請填寫完整，切勿空白
※本表亦適用於未加保職災勞工
(填寫範例)

受理號碼

(一)被保險人姓名
(二)發生事故當日被保險人應工作起迄時間　自　時　分起　至　時　分止
(三)被保險人所用交通工具　□大型重型機車　□普通重型機車　□輕型機車　□自小客車　□腳踏車　□其他（　）（勾其他者，請填明交通工具別）
(四)被保險人上、下班或公出單趟路程所需交通時間　需　小時　分鐘
(五)發生保險事故時間　年　月　日　時　分
(六)發生保險事故時，有無右列情事，請確實於各□內勾劃陳述，切勿空白（領有駕駛車種之執照駕車者，請附駕駛人駕照正、背面影本）
□有 □無 領有駕駛車種之執照駕車　駕駛人駕照正、背面影本浮貼處
□有 □無 受吊扣期間、吊銷或註銷駕駛執照處分駕車
□有 □無 行經有燈光號誌管制之交岔路口違規闖紅燈
□有 □無 闖越鐵路平交道
□有 □無 酒精濃度超過規定標準駕駛車輛
□有 □無 吸食毒品、迷幻藥、麻醉藥品及其他相關類似之管制藥品駕駛車輛
□有 □無 未依規定使用高速公路、快速公路或設站管制道路之路肩
□有 □無 在道路上競駛、競技、蛇行或以其他危險方式駕駛車輛
□有 □無 駕駛車輛不按遵行之方向行駛
□有 □無 駕駛車輛不依規定駛入來車道
(七)是否日常上、下班或公出時間應經途中發生事故（註）　□是 □否　□日常上下班 □公出　時間應經途中發生事故
(八)有無因處理私事而中斷或脫離應經之途徑　□有 □無　處理私事原因經過詳情，請說明：（如不敷填寫可另紙書寫說明並簽章）
(九)有無經警察等有關機關處理　□有 □無　請填明機關全銜（如有相關證明請一併檢附）：
□有 □無 見證人　姓名：　關係：　地址：　電話：
(十)屬上、下班途中發生事故者，請於本陳述書背面繪明包括日常居住處所、勞動場所、上下班應經途徑、事故地點之簡圖。

以上各項均由本人依照事實填具，如有不實，願歸還溢領之保險給付、津貼、補助，並負行政罰、民事及刑事責任，特此具結。
此致
勞動部勞工保險局
被保險人(或受益人)簽章：＿＿＿＿（本人正楷親簽）
中華民國　年　月　日

投保單位印章：　負責人印章：　經辦人印章：

註：如於職業訓練機構(單位)加保，於接受訓練時間，從日常居住處所往返職業訓練機構(單位)應經途中發生事故者，請勾選「日常上下班」。
※勞工職業災害保險及保護法第 92 條規定：以詐欺或其他不正當行為領取保險給付、津貼、補助，或為虛偽之證明、報告、陳述者，除按其領取之保險給付、津貼、補助處以 2 倍罰鍰外，並得依民法請求損害賠償；其涉及刑責者，移送司法機關辦理。
113.03

5

勞工職業災害保險被保險人上下班公出途中發生事故而致傷害陳述書：
同樣在勞保局網站下載，證明自己是在上下班路線中發生事故。

Q04 公司要我簽人事契約書、找保人，可以拒絕嗎？

「楊過康復後另外找了一份新工作，在一間物流公司擔任業務人員。辦理到職手續時，人事主管說業務員會經手大筆現金，必須找保證人並簽署人事保證契約書。楊過覺得很納悶，以前的工作都沒有簽過這種文件，想拒簽，但人事主管說公司裡的每位業務員都有簽；雖然楊過很懷疑，但又怕工作就這樣沒了，只能照做。」

在網路論壇的職場版裡，有位網友感嘆，公司要求她必須找非直系親屬做她的保證人，但是周遭朋友一聽到「保人」兩個字就退避三舍，連自己的男朋友都不願意幫她作保，好不容易找到的工作就這麼告吹了。

找保證人、簽人事保證契約書，是行之有年、於法有據的事。人事保證不只是為了防止員工侵占、盜取公款，還包括員工操作機器不當造成毀損、送貨途中開車不慎撞傷人、工作時與公司之外的人發生爭執打傷人等等造成的公司損失，所以公司要求楊過簽署人事保證契約書，是完全合法的。

很多人擔心做了人事保證契約書的保證人，若是對方出事就只能任由對方公司獅子大開口，要求巨額賠償金。其實民法有規定，**人事保證契約書的保證人必須負擔的賠償金額是有上限的，只能是該員工任職期間所領薪資的總額。**

曾任經濟部中小及新創企業署諮詢律師的呂錦峰提醒，有時公司的損失金額遠遠超過員工所領的薪水，如果公司顧慮到賠償金額無法彌補損失，可以自行在人事保證契約書上註明應賠償金額是多少，這樣做並不違法。當人事保證契約書上沒有特別註明時，「賠償金額有上限」才成立，所以大家在簽保證書時要特別留意。

▲圖20：找保證人、簽人事保證契約書，完全合法。

此外，人事保證契約書的有效期限只有三年，期滿後必須重新簽訂，不像一般的契約，期滿時若雙方沒有特別提出異議，可以自動延展期限。

另外，如果員工在保證期間有換過職務或工作地點，公司必須主動告知保證人，否則員工在新職務所造成的損失，保證人不需要賠償。如果找不到保證人，可以向保險公司購買「人事保證保險」，但保費得由員工支付。

人事保證人相關法條

民法第 756-2 條：人事保證之保證人，以僱用人不能依他項方法受賠償者為限，負其責任。保證人依前項規定負賠償責任時，除法律另有規定或契約另有訂定外，其賠償金額以賠償事故發生時，受僱人當年可得報酬之總額為限。

民法第 756-3 條：人事保證約定之期間，不得逾 3 年。逾 3 年者，縮短為 3 年。前項期間，當事人得更新之。人事保證未定期間者，自成立之日起有效期間為 3 年。

民法第 756-4 條：人事保證未定期間者，保證人得隨時終止契約。前項終止契約，應於 3 個月前通知僱用人。但當事人約定較短之期間者，從其約定。

圖 21

人事保證契約書沒有限定內容，看清楚再簽！

人事保證契約書於法有據，但沒有限定內容，只要合乎公司法規就可以自行訂定，簽之前一定要看清楚。

人事保證契約書

茲為小樂股份有限公司（以下簡稱「甲方」）聘僱張大頭為員工（以下簡稱「被聘僱人」），由本人李大臉（以下簡稱「乙方」）擔任人事保證人乙事，雙方約定條款如下，共矢遵守：

一、被聘僱人於甲方任職服務期間，如有違背法令、不良行為（包括但不限於虧短銀錢財物）、侵害他人權益（包括但不限於智慧財產權）情事，致甲方權益遭受損害或因此負有賠償責任時，被聘僱人應負責賠償甲方所有損害，於甲方無法自被聘僱人獲得賠償時，乙方同意負責理清，並代為全數賠償。

→ 雖然法規上的賠償金額以員工所領薪資總額為限，但仍有討論空間，如果契約書上是寫「全數賠償」，就是以公司認定的金額為準。

二、被聘僱人如有調職至甲方關係企業，乙方仍須繼續負保證責任。

→ 如果契約書上有寫明這一條，員工調動職務，或調任公司其他相關企業，即使沒有告知保證人，這份保證契約書也一樣繼續有效。

三、本契約之存續期間，自契約成立之日起三年。但得更新之。

→ 人事保證契約書的有效期間就是三年，不管契約上有沒有載明期間，效期都一樣。

立契約書人
甲 方：小樂股份有限公司
負責人：王小樂
地 址：台北市陽衡路 8 號 1 樓

乙 方：李大臉
身分證字號：Z312345678
地 址：台北市陽衡路 1 號 8 樓

中華民國一〇九年十一月一日

Q05 只不過把幾支筆拿回家，老闆就告我侵占，合理嗎？

楊過由於投保薪資低於實領薪資，一狀告上勞保局，害得公司被罰款，事後老闆耿耿於懷，不但冷凍他，還反過來告楊過侵占公司資源。楊過一聽到「侵占」兩個字嚇呆了，沒想到，他只是從公司帶了幾支簽字筆、一些衛生紙和幾包三合一咖啡回家，就被告侵占，怎麼會這樣？

360d 才庫事業群做過調查，統計出有將近六成的人曾經把公司用品「A走」，其中以筆、釘書機、筆記本等文具最常被帶回家；可見很多人都以為，文具用品只是小東西，雖然是公司的財產，但私自帶走也沒關係。

不過**在法律上，將一件不屬於自己的東西據為己有，就是「侵占」**，而且不只是公司用品，還包含幫人代辦的款項、代為保管的物品。此外，如果在代為處理的工作完成後，沒有歸還剩餘的錢或東西，也算是侵占。國稅局就曾查出一家幫人記帳報稅的事務所，收取了客戶十萬元的稅款，但卻藉由做假帳的手法，只繳出四萬元稅金，侵吞了剩下的六萬元，因而觸犯侵占罪。

另外一個讓人訝異的侵占案件，是某家超商推出造型筆的集點活動，有一位店員擅自收回顧客留下的點數貼紙，據為己有，並在一個晚上就換得兩支筆，而被店長發現，雖然店員一直強調是「顧客不要，我才拿」，最後他仍被檢察官認定為，他侵占而遭起訴。

公共用品不屬於個人保管，據為己有就是竊盜

除了文具用品之外，上班族常會私自帶走的東西，還有衛生紙、影印紙、茶包、糖包等，這些物品的保管人是公司行政單位，而不是員工自己，如果把它們拿回家，觸犯的就不是侵占罪，而是竊盜罪。

回到楊過的處境，簽字筆原本就是由他保管的，私自帶走屬於侵占；衛生紙

和咖啡的保管人不是他，就屬竊盜。不過，青年創業協會的法律服務部解釋，大部分從辦公室偷帶回家的物品價值都很低，在一般人的道德判斷下，不會認定就應該定罪，較有機會和解或是易科罰金。

▲圖22：辦公用品是公司財產，不能私自帶走。

Q06 職場單身條款、禁孕條款合不合法？

「小龍女的好友任盈盈，與萬人迷令狐沖看對眼後，不僅閃電結婚，還很快就做人成功。任盈盈懷孕初期，身體狀況不穩，於是經常請假，不久後便接到公司的調職通知，把她調派到一個新成立的事業單位，負責開發全新的業務，想刻意加重她的工作負擔，逼她自動離職。任盈盈每天辛苦在家庭與工作間掙扎，很想離職不幹，但又很不甘心。」

其實，**性別平等工作法（原名為「性別工作平等法」）已經明確規範，公司不可以因為員工結婚、懷孕、生產、育嬰，就強迫對方離職。雇主若違反此規定，將處新臺幣三十萬元以上，一百五十萬元以下的罰鍰。**

糖果店菓風小舖就曾因為員工懷孕而辭退她，被判定違反性別平等工作法，罰鍰十萬元。二〇一〇年，國立台灣美術館爆出禁孕糾紛，也引起各界關注。

當時，國美館委託派遣公司提供女性派遣工，做為館內服務人員。沒想到，派遣公司在面試時，竟然要求女性面試者提出驗孕報告，涉及違反性別平等工作法，最後也被台中市政府正式發文，指出派遣公司違法，同時，要求國美館必須盡到監督管理的責任。

懷孕可要求調任輕鬆工作，雇主不能拒絕或減薪

雖然有法律的明文規範，但是上有政策、下有對策，很多聰明的雇主不會明目張膽地違法，而是以調動職務，讓員工做不下去，最後自動離職，以達到公司的目的。

▲圖23：懷有身孕的員工，可要求調任較輕鬆的工作。

有一家生技公司的懷孕員工，竟然被調離原本的工作地區，從台南調到台中及高雄，大大增加工作困難度及負擔，情況就跟案例中的任盈盈一樣。

遇到這種狀況，懷有身孕的員工可以先觀察公司裡，有沒有其他負擔較輕的工作，主動要求雇主讓自己調任。在勞基法的保護下，雇主不但不能夠拒絕，還不可以因為工作較輕鬆就降低薪水。

性別平等工作法相關法條

性別平等工作法第 7 條：雇主對求職者或受僱者之招募、甄試、進用、分發、配置、考績或陞遷等，不得因性別或性傾向而有差別待遇。但工作性質僅適合特定性別者，不在此限。

性別平等工作法第 11 條第 2 項：工作規則、勞動契約或團體協約，不得規定或事先約定受僱者有結婚、懷孕、分娩或育兒之情事時，應行離職或留職停薪；亦不得以其為解僱之理由。

性別平等工作法第 38-1 條：雇主違反第 7 條至第 10 條、第 11 條第 1 項、第 2 項規定者，處新臺幣 30 萬元以上 150 萬元以下罰鍰。

Q07 欲申請育嬰留職停薪，老闆卻資遣我，合理嗎？

「小龍女的好友任盈盈剛生產完，就遇到公司大動作裁員，由於怕請育嬰假會被當成裁員箭靶，因此她特地請了保母帶小孩，好繼續工作。但是，某一天保母突然辭職，一時之間找不到合適的保母，她只得向公司請育嬰假。結果兩天後就收到資遣通知，任盈瑩向令狐沖哭訴，令狐沖氣得想衝去她公司找主管理論……。」

育嬰假已經行之有年，但很多人因為怕被公司刁難，不敢提出育嬰留職停薪的需求。事實上，不分男女性員工，都可以在子女滿三歲之前申請育嬰留職停薪，所以任盈盈的公司不能以申請育嬰假為由，就資遣她，而且育嬰假結束後，也不能不讓她復職。

有網友分享，自己在兩年育嬰假結束後，準備復職上班，竟被公司告知，因為已經沒有適當職位而資遣她。但公司沒有縮減員工編制，業務營運也沒有虧損，老闆更沒有把公司轉讓給其他人，只用沒有適當職位這個理由來資遣員工，是不合法的。

另有一位網友提到，復職後公司把她調派到新部門，雖然薪水不變，卻要面對完全陌生的工作內容，職銜也從主管降為一般職員，感覺自己的權益受損。

依育嬰留職停薪實施辦法第六條規定，育嬰留職停薪期間，雇主得僱用替代人力，執行受僱者之原有工作。除非有法定四個正當理由，否則雇主有義務讓請育嬰假的員工復職，而且是回復到原有的工作職位。即使有這四個正當理由，未能讓育嬰假的員工復職（回復原有職位），也應依法發放資遣費或退休金。

▲圖24：不論男女員工，在子女滿3歲前都能請育嬰假。

育嬰留職停薪相關法條

性別平等工作法第 16 條：

受僱者任職滿 6 個月後，於每一子女滿 3 歲前，得申請育嬰留職停薪，期間至該子女滿 3 歲止，但不得逾 2 年。同時撫育子女 2 人以上者，其育嬰留職停薪期間應合併計算，最長以最幼子女受撫育 2 年為限。

性別平等工作法第 17 條：

前條受僱者於育嬰留職停薪期滿後，申請復職時，除有下列情形之一，並經主管機關同意者外，雇主不得拒絕：

一、歇業、虧損或業務緊縮者。

二、雇主依法變更組織、解散或轉讓者。

三、不可抗力暫停工作在一個月以上者。

四、業務性質變更，有減少受僱者之必要，又無適當工作可供安置者。

雇主因前項各款原因未能使受僱者復職時，應於 30 日前通知之，並應依法定標準發給資遣費或退休金。

育嬰留職停薪實施辦法第 6 條：

育嬰留職停薪期間，雇主得僱用替代人力，執行受僱者之原有工作。

性別平等工作法第 3 條 第九款（復職）：

指回復受僱者申請育嬰留職停薪時之原有工作。

Q08 還沒過試用期，公司開除我不必付資遣費？

楊過的女友小龍女在醫院當護理師幾年後，覺得這個工作太血汗，決定轉行重新開始，後來找到一間上市科技公司，請她去面試業務助理的職缺。面試主管告訴小龍女，因為她完全沒有相關經驗，所以試用期為三個月，之後如果繼續錄用才算是正式員工，否則不用理由即可開除。

小龍女覺得這個規定很不合理，因為她曾聽同學說過，法律沒有試用期這項規定。於是，她到處向朋友詢問：「公司有試用期合法嗎？」因

▲圖25：在試用期被解僱，要懂得維護自己的權益。

為她很擔心，要是三個月一到，老闆不高興就叫她走人，怎麼辦？」

勞基法原本有關於「試用期不得超過四十日」的規定，但這項規定刪除後，關於試用期就沒有相關的法律規定，而法律上「沒有不准」就是合法，因此試用期可長可短，不管是一個月、三個月或一年，只要雙方約定好就是合法。

如果公司試用期間太長，明顯超過一般水準，員工可以向勞工局申訴，公司的試用期規定「違反誠信原則及公序良俗」，主張公司「權利濫用」。事實上，公司和勞工之間的勞動契約，也是一種法律行為，若契約違反公序良俗，該契約就無效。

終止勞動契約相關法條

民法第 72 條：法律行為，有違背公共秩序或善良風俗者，無效。

勞基法第 11、12、16、17 條：雇主預告及無須預告終止勞動契約之條件；終止勞動契約之預告期間；資遣費之計算。

公司規定試用期並不違法，但相對地，因為勞基法取消試用期規定，所以員工開始上班的第一天，在勞基法中就算是正式員工。如果在試用期中要開除員工，除了要有法定事由，若員工沒有犯下重大過失，要按照勞基法規定發給「資遣費」。

有一位電子工程師，在台中一間科技公司剛任職一個月，就被主管無故開除，也領不到資遣費。他打電話詢問原因時，主管口出惡言：「為什麼叫你離職要告知你？覺得很無辜嗎？叫你離職需要理由嗎？叫你滾蛋要理由嗎？」這名電子工程師向媒體投訴後，他的主管向媒體喊冤，說這名電子工程師的工作態度不佳，也無法和同事合作業務，所以才開除他。

資遣費金額計算方式

工作年資	1個月	3個月	6個月	1年
資遣費金額	0.042個月	0.125個月	0.25個月	0.5個月
工作年資	2 年	6年	12年	超過12年
資遣費金額	1個月	3個月	6個月	6個月

單位：月平均工資

▲圖26：工作滿1年，有0.5個月的資遣費。

Q09 競業條款規定，離職後不能到同業上班？

在小龍女轉行進科技公司的同時，好朋友尹志平任職的科技公司剛好有人離職。當他知道小龍女已經轉行後，就邀請她跳槽過來，且保證薪水和福利絕對比她原來任職的公司更好。

沒想到，小龍女在提出辭呈後，主管警告她，公司的合約規定，離職後兩年內不能從事同類型或相似的業務。這讓小龍女非常頭痛，看著眼前有一份更好的工作機會，卻只能眼睜睜的看著它溜走。導致她好幾天都茶不思、飯不想……。

▲圖27：有效的競業條款，必須搭配補償措施。

這一類合約屬於「競業條款」，根據勞動部的規定，這類「競業禁止」條款在成立前，必須符合許多條件，才具有法律效力，重點包含：

1. 員工不是在被逼的情形下，簽署競業條款合約。
2. 公司確實有重要的企業機密，而且這名員工真的瞭解相關資訊。
3. 合約要有明確的限制時間、區域和職業內容，而且合約限制不能影響員工的工作權或生存能力。
4. 合約要有「補償措施」，在

競業條款相關法條

勞動基準法第 9 條之 1 規定：雇主與勞工為離職後競業禁止之約定，應符合以下要件：

一、雇主有應受保護之正當營業利益。

二、勞工擔任之職位或職務，能接觸或使用雇主之營業秘密。

三、競業禁止之期間、區域、職業活動之範圍及就業對象，未逾合理範疇。

四、雇主對勞工因不從事競業行為所受損失有合理補償（不包括勞工於工作期間所受領之給付）。

違反各款規定之一者，其約定無效。離職後競業禁止之期間，最長不得逾 2 年，逾 2 年者，縮短為 2 年。

約定期間內，前任雇主必須付離職員工不得低於離職時前一個月五〇%之平均工資，做為員工保守營業秘密的代價。

5. 賠償違約金要合理，雇主若確實有付出補償措施，則勞工違約時，法官判決賠償高額的違約金合理的可能性極高，否則違約金可能被判決無效。
6. 員工違約時確實有傷害原公司權益的行為。
7. 如果員工是「非自願離職」時，競業條款就無效。

競業條款通常在科技業中較常見，最知名的案例就是鴻海有一名林姓經理，在離職後到鴻海的競爭對手任職，而被鴻海一狀告上法院。

後來法官發現林姓經理當初到鴻海工作時，所簽的競業條款合約，限制離職後的工作類型，竟然高達四十五項，連擔任房仲、廢棄物清運或司機都違反合約，因此法官判決該合

◀圖28：若員工不是自願離職，競業條款就無效。

約無效。

簡單來說，有效的競業條款合約必須符合前述的所有條件，但實際上，大部分公司都不可能給付離職員工薪水，所以通常競業條款是無效的。

競業條款須有合理補償相關法條

勞動基準法施行細則第 7 條之 3 規定（105 年 10 月 7 日增訂）：雇主提供勞工遵守離職後競業禁止之合理補償，且應約定離職後一次預為給付或按月給付。

Q10 老闆可以隨便扣我的薪水嗎？

小龍女在新公司工作半年後，有一天好朋友任盈盈剛好到她的公司附近辦事，因為車位難找，老闆又剛好開車出去了，於是小龍女拜託公司保全，讓任盈盈的車在老闆車位暫停一下。

沒想到，老闆出去沒多久就回來了，看到自己的車位被占用非常生氣。一問之下，他知道是小龍女闖的禍，除了把她罵了一頓，還揚言要扣她一個月的薪水。小龍女雖然自覺理虧，但想到要做一個月的白工，就覺得這個處罰太不合理了吧？

明理法律事務所陳金泉律師指出，勞動基準法規定，薪資發放屬於雇主和勞工之間的契約事項，所以公司不可以隨便調整員工的薪水。

即使這家公司自訂工作規則，規定「員工不得使用老闆專用停車位，違者扣半個月薪水」，但陳金泉律師認為，扣薪規則必須合理，必須因為員工行為會造成雇主損失，才得以如此處置。而且，雇主依工作規則扣薪，根據強制執行法規定的精神，最多只能扣員工薪資的三分之一。

以小龍女的故事來看，她的老闆停車位被占用，損失的只有停車費，小龍女頂多賠償老闆損失的停車費就好，若真的被扣薪水則是違法的。

關於工資相關法條

勞基法施行細則第 7 條第 3 款：工資之議定、調整、計算、結算與給付之日期及方法有關事項，屬於勞動契約應記載事項，應在員工勞動契約裡依法約定。

勞基法第 26 條：雇主不得預扣勞工工資做為違約金或賠償費用。

強制執行法第 115-1 條：扣薪上限不得超過薪資的 1/3。

Q11 違反工作合約，真的要賠鉅額違約金？

還好小龍女的老闆只是說說氣話，並沒有因為停車事件真的扣她薪水，但從此她在老闆眼中也「黑」了。不時被老闆嫌專業能力不佳，還要她去上「魔鬼訓練營」，以及在職進修三個月。受訓完還要簽工作合約——如果五年內離職要賠償公司一百萬。小龍女雖然願意受訓，但這張五年的「賣身契」，怎樣也不想簽，但又擔心不簽可能就會失去工作，讓她一個頭兩個大。

「中華人事主管協會」顧問簡文成表示，勞動部的看法是認為，雇主與員工簽約派員工去受訓屬當事人雙方約定，因此公司要求受訓員工結訓後必須為公司服務多少年，並約定違約賠償並無違法。但前提是這個合約必須雙方都同意，而且必須符合誠信原則及民法相關規定。

在實際的司法判決部分，也確實有相關的判例，肯定這類約定的法律效力。但另一項關鍵在於賠償金額，有些企業會在合約裡訂立高額的違約賠償，來降低員工受訓後跳槽或離職的意願，且員工在簽約時幾乎不能討價還價。但如果真的上法院，法官會依據公司所受到的實際損失，來判斷應該賠償的違約金，最常見的結果就是只要賠償「合理的」受訓費用，不會真的賠償數十甚至上百萬的違約金。

根據行業不同，勞動契約的內容也會不同，但只要訂約雙方都同意內容，合約就成立。二〇〇八年底，藝人彭于晏向合作長達八年的經紀公司提出解約，因為他認為自己遭公司冷凍長達半年，且經紀公司也未依合約保障年收入。他的經紀公司卻表示，是彭于晏拒接公司安排的工作，單方面斷絕聯絡，且又私自接洽工作，根據合約反而可以向他求償，雙方因此對簿公堂。

但雙方的合約只載明，經紀人必須保障彭于晏每年的實際收入達到四百萬元，不足則由經紀人補足，反而沒有載明彭于晏不得拒絕工作。而且彭于晏的年收入不足合約上指定的金額，經紀人也沒有補足差額，他是有權解除合約的。最後，整個案子被法院判決彭于晏勝訴。

Q12 「責任制」就可以不發加班費嗎？

小龍女的老闆雖然常口不擇言，但很幸運地，新公司除了薪水和福利好，如果工作做不完，晚上加班還有加班費可領。對照小龍女的前公司都說是「責任制」，但上班要打卡，下班加班沒有加班費，而且上班若遲到還要扣薪水。

這讓小龍女想不透，為何相同的行業和職位，卻有不同的加班費規

▲圖29：責任制有條件限制，也有相對應保障。

定？

楊過聽到小龍女之前的遭遇很生氣，一口氣向市長、市政府勞工局、行政院、監察院、勞動部、執政黨正副主席各處陳情。結果勞工局的「勞動檢查處」去這家公司檢查，發現情況確實屬實，於是對該公司開罰。

在職場上，有些公司會以「責任制」，規避發放加班費。事實上，並非每個公司都能採用責任制，勞基法對責任制是有規範、有條件限制，也有相對應的保障。

這也就是說，可採用責任制的人

關於責任制相關法條

勞基法第 84-1 條：經中央主管機關核定公告之下列工作者，得由勞雇雙方另行約定，工作時間、例假、休假、女性夜間工作，並報請當地主管機關核備，不受第 30 條、第 32 條、第 36 條、第 37 條、第 49 條規定之限制。

一、監督、管理人員或責任制專業人員。

二、監視性或間歇性之工作。

二、其他性質特殊之工作。

前項約定應以書面為之，並應參考本法所定之基準且不得損及勞工之健康及福祉。

員，必須符合勞動部核定公告的範圍。而且，就算是責任制專業人員，也不能排除在勞基法第二十四條有關加班的加班費規定之外。所以，**雇主只要有「使勞工加班」的事實，就必須依法給付加班費**，否則就是違法，勞工局可以對公司開罰。

另一項和加班費相關的疑問，就是公司是否可以說因為擔任主管，屬於責任制，而不發加班費？根據勞基法規定，除了責任制專業人員外，勞工加班一律應給加班費，不論是基層或主管階級。有些公司自行認定主管或業務人員屬於責任制而不發加班費，但這些做法都是違法的。而且，根據勞基法三十條

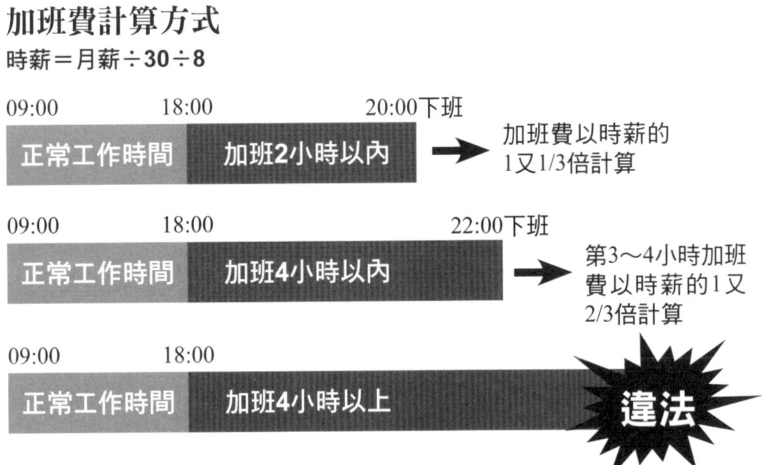
加班費計算方式
時薪＝月薪÷30÷8
09:00
18:00
20:00下班
正常工作時間
加班2小時以內
加班費以時薪的1又1/3倍計算
09:00
18:00
22:00下班
正常工作時間
加班4小時以內
第3～4小時加班費以時薪的1又2/3倍計算
09:00
18:00
正常工作時間
加班4小時以上
違法

▲圖30：加班費這樣算，一天總工時不能超過12小時。

第五項及民法第一二六條規定，五年內員工都可以請求雇主補發短少的加班費。

宏達電曾經發生工程師在家中猝死，普遍認為死因有可能是熬夜加班導致的過勞死。同年三月，新北市勞工局就對轄區內廠商進行勞動檢查，結果鴻海精密、宏達電、技嘉科技等大公司，都因為「員工超時工作」而被開罰單。

新北市勞工局指出，這些大公司都以責任制為由，讓員工不得不配合加班，但是根據勞動部規定，電子業產線人員和工程師都不屬於「責任制專業人員」，所以依法開罰，而這些企業如果不改善，罰金還會再加重。

法律對於責任制專業人員的定義

勞基法施行細則第 50-1 條：本法第八十四條之一第一項所稱責任制專業人員，係指以專門知識或技術完成一定任務並負責其成敗之工作者。

Q13 雇主可以隨意調動員工的工作地點嗎？

「小龍女開心地在新公司工作，沒想到過沒多久，介紹小龍女跳槽的尹志平卻被公司通知，下個月要調到高雄分公司上班。尹志平的妻小都在台北，房子也才剛買兩年還在付貸款，如果調去高雄將會非常不方便，害尹志平整天眉頭不展……。」

根據內政部的相關規定，關於勞工的工作場所及工作內容，應該在勞動契約由勞資雙方自行約定，所以如果要變更，也需要由雙方商議決定。如果雇主確實需要調動勞工工作地點，必須符合以下原則：首先，調動勞工是企業經營上必須的，而且不能違反雇主和勞工的約定。

此外，工作地點的調動對勞工的薪水和福利沒有不良影響；且勞工的體力和技術可以勝任調動後的工作項目，如果距離過遠（如：從台北調到高雄），雇主還要提供必要的協助（如：租房補助）。

簡單來說，公司不可以片面決定調職，強迫員工接受，而且還要有合理的理由。根據規定，員工如果無法接受公司無預警的調職，而且確認新工作自己無法勝任（例如：從內勤調到業務工作），就可以因為雇主違反勞動契約，向公司要求終止勞動契約，還能依法向公司要求給付資遣費。

雇主調動勞工工作場所相關法條

內政部（74）台內勞字第 328433 號函釋：「勞動基準法施行細則第 7 條第 1 款規定，工作場所及應從事之工作有關事項，應於勞動契約中由勞資雙方自行約定，故其變更亦應由雙方自行商議決定。」

勞基法第 10-1 條：雇主調動勞工工作，不得違反勞動契約之約定，並應符合下列原則：

一、基於企業經營上所必須，且不得有不當動機及目的。但法律另有規定者，從其規定。

二、對勞工之工資及其他勞動條件，未作不利之變更。

三、調動後工作為勞工體能及技術可勝任。

四、調動工作地點過遠，雇主應予以必要之協助。

五、考量勞工及其家庭之生活利益。

Q14 公司規定離職前3個月要提出申請，合理嗎？

「小龍女順利在新公司任職，但楊過的業務工作卻遇上了瓶頸，而且因為常和客戶應酬拚酒，身體頻頻出問題，一檢查才發現肝指數異常飆高，加上其他症狀，導致這個月常常要請病假在家休息。

楊過領到薪資單之後發現，公司竟然因為病假扣了他五千多塊薪水，一氣之下決定辭職。沒想到公司人資說，辭職要在三個月前提出申請，否則公司不會准辭。」

依勞基法工作規則的訂立及「勞工請假規則」，勞工請假確實有是否扣錢或扣考績的相關規定，不過若扣薪超過規定就是違法。

離職前三個月要提出申請的規定，明理法律事務所的陳金泉律師說，工作規則或勞動契約只要抵觸勞基法一律無效。離職前預告期在勞基法中有明確規定：工作三個月以上未滿一年，十天前提出申請；工作一年以上未滿三年，於二十天前提出申請；工作三年以上，於三十天前提出申請。

所以，最多只要在離職前一個月提出申請，公司就必須處理，超過勞基法規定的規定都是無效的。

勞工請假扣薪規定

不扣工資	婚假、喪假、特休、陪產檢及陪產假；產假（年資半年以上）、公傷病假
扣半薪	病假、生理假（1年內不超過30天）；產假（年資未滿半年）
不給工資	事假
特休、婚假、喪假、公傷病假、公假、謀職假、生理假、產假、安胎休養假、產檢假、陪產檢及陪產假、育嬰假、哺（集）乳假、家庭照顧假不得扣全勤，其他可扣全勤。	

▲圖31：對於員工請假，扣薪超過規定就是違法。

重點整理

- 公司在新員工到職的當天，就應該辦理勞保，而保險的效力是從辦理當天的凌晨零點開始生效。
- 民法有規定，人事保證契約書的保證人必須負擔的賠償金額是有上限的，只能是員工任職期間所領薪資的總額。
- 性別平等工作法已經明確規範，公司不可以因為員工結婚、懷孕、生產、育嬰，就強迫對方離職。
- 如果公司試用期間太長，員工可以向勞工局申訴公司的試用期規定「違反誠信原則及公序良俗」，主張公司「權利濫用」。
- 雇主只要有使勞工加班的事實，就必須依法付給加班費，否則就是違法，勞工局可以處罰。

法律筆記

NOTE

第4章

消費糾紛篇——
店家收錢卻貨不到、
惡意敲竹槓……

Q01 旅遊實際行程和合約上的不同，可以提告嗎？

「楊過帶小龍女一起參加公司的員工旅遊——蘇杭上海五日遊。抵達杭州的那天，天空下著小雨，西湖的湖面煙雨濛濛，當地導遊竟藉此原因，擅自取消遊湖行程，只叫遊覽車在環湖車道上繞一圈，就把大家帶到一個專賣仿冒品的地下賣場。

楊過和一些對A貨沒興趣的同事，對導遊任意更改行程相當不滿，正想去找導遊理論時，才發現這個賣場地處偏僻，外頭還有保鑣站崗，讓他們不敢輕舉妄動。結果整團在賣場內耗了一個多小時才離開，楊

▲圖32：出國旅遊要找合法的旅行業者，並詳閱契約內容。

過事後聽同事說，導遊嫌大家買得不夠多，故意滯留在那裡，不讓大家走。」

台灣出國旅遊的風氣一直非常盛行，有些人為貪便宜選錯旅行社或跟錯團，衍生出許多旅遊糾紛，就時有所聞。《懂這些，消費從此不吃虧》的作者、前消基會董事長李鳳翱，在書中整理出國人跟團出國旅遊常見的糾紛，有以下幾類：

●遇上非法旅行業者

包括參加未立案的旅行社行程，使用非法領隊、非法交通工具等，萬一旅行途中遇到任何意外，業者可能無法提供合理的保障。

旅遊契約轉讓相關法條

國外旅遊定型化契約範本第 19 條：乙方於出發前如將本契約變更轉讓予其他旅行業者，應經甲方書面同意。甲方如不同意者，得解除契約，乙方應即時將甲方已繳之全部旅遊費用退還；甲方受有損害者，並得請求賠償。

甲方於出發後始發覺或被告知本契約已轉讓給其他旅行業者，乙方應賠償甲方全部旅遊費用 5%之違約金。

● 被任意併團

併團是旅行業界常見的事，但應事先告知消費者，否則被當人球般隨意併入其他旅行團，行程和表訂不同，會感覺很不受尊重。

● 擅自更改行程

這是最常見的旅遊糾紛，例如：原本該去泡湯，卻改去逛花園；表訂免費行程突然改成自費行程；或是住房、餐飲品質被隨意更換等。

● 領隊、導遊、司機的個人不良行為

遇到不負責任，或是服務態度差的帶隊人員，例如：領隊或導遊經常遲到、情緒管理不佳，或是司機駕駛技術欠佳等等。

消費者有充分證據，才能幫自己爭權益

日本是台灣人最常旅遊的國家，王先生一家四口參加日本五天四夜行程，旅行社提供的行程表上註明「行程僅供參考，以當地旅行社安排為主」，無異議後雙方簽訂旅遊契約書。

出發到了日本的第二天，王先生才發現，他們的行程竟是倒著走的，而且行程上註明「入住小涌園飯店，以四人一室為主」，到當地卻變成「三人房外加一張沙發床」，累了一天卻只能睡在沙發床上，令王先生一家人非常傻眼。回國後，王先生決定要投訴這家旅行社，並請求賠償。

要避免遇到王先生一家的遭遇，在出國旅遊前，應盡量找合法的旅行業者，並仔細檢視契約內容，才能保障自己的權益。更重要的是，要避免參加團費過於便宜的旅行團，別忘了名言：「羊毛出在羊身上」，若貪小便宜，小心最後賠了夫人又折兵。

如果真的遇到旅遊糾紛，最好直接向旅行社反應，看對方是否有善意的回應。除非旅行業者對爭議事件消極處理或置之不理，才考慮進入訴訟管道，因為申訴案件進入訴訟程序，多半曠日費時，還不一定能獲得滿意的賠償。另外，民眾可以投訴交通部觀光局、旅行業品保協會、消基會，請他們出面幫忙處理。

▲圖33：若旅行社消極處理爭議，可向觀光署等單位投訴。

行程未依照表訂行程表或被棄置，可請求賠償

依據國外旅遊定型化契約書範本第二十二條的規定，除非有本契約第十四條或第二十六條的情事發生，旅行業者不得以任何名義或理由變更旅遊內容。但消費者同意旅行業者的要求而變更的事項，則不在此限。因可歸責於旅行業者的事由，而未達成旅遊契約所定旅程、交通、食宿或遊覽項目等事宜時，消費者得請求旅行業者賠償各該差額二倍的違約金。

二〇二四年二月發生「富國島丟包旅客案」，事情起因是旅行社積欠越南當地旅行社大筆款項，導致跟團的多名旅客慘被丟包在越南富國島，甚至還要代墊款項才能繼續旅程。

沒想到，同年十月八日，又有旅客砸二十萬元跟團到克羅埃西亞參加為期十三天的旅程，到了第九天，就發生旅行社的遊覽車不來載遊客回飯店，讓所有團員被丟包在古城區。不僅如此，當一行人要離境時，當地旅行社卻因沒有收到台灣方旅行社款項，而要求每人再付兩千歐元（約七萬元新台幣），才願意放行。由於台灣方旅行社始終沒有出來面對和協助處理，最後是由一名醫師團員先行墊付款

項，大家才能平安返台。團員傻眼直呼：「這旅程是不斷的驚嚇而不是驚喜！」

依據國外旅遊定型化契約書範本第二十五條的規定，消費者在旅遊途中，被旅行業者故意棄置或留滯當地時，旅行業者除了應負擔棄置或留滯期間消費者支出的食宿和其他必要費用，按實計算退還消費者未完成旅程的費用，以及由出發地至第一旅遊地與最後旅遊地返回的交通費用之外，並應至少賠償「依全部旅遊費用除以全部旅遊日數乘以棄置或留滯日數後」相同金額五倍的違約金。

變更行程不能要求賠償的相關法條

國外旅遊定型化契約書範本第 22 條：旅程中之食宿、交通、觀光點及遊覽項目等，應依本契約所訂等級與內容辦理，甲方不得要求變更，但乙方同意甲方之要求而變更者，不在此限，惟其所增加之費用應由甲方負擔。除非有本契約第 14 條或第 26 條之情事，乙方不得以任何名義或理由變更旅遊內容。

因可歸責於乙方之事由，致未達成旅遊契約所定旅程、交通、食宿或遊覽項目等事宜時，甲方得請求乙方賠償各該差額二倍之違約金。

乙方應提出前項差額計算之說明，如未提出差額計算之說明時，其違約金之計算至少為全部旅遊費用之 5%。 甲方受有損害者，另得請求賠償。

圖 34

發生旅遊糾紛，必須蒐集的5個證據

不管是透過何種管道進行申訴，消費者都要提出有力的佐證，才能幫自己爭取權益。以下證據必須由消費者主動提供：

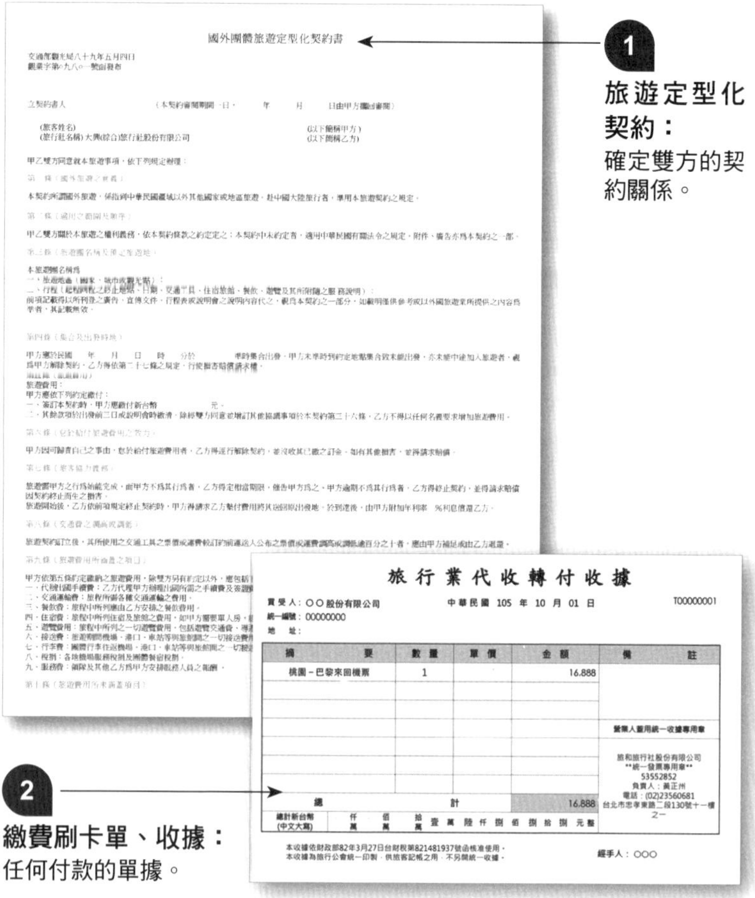

3

旅行社提供的行程表：
是旅行社向消費者提出的承諾物證。

4

其他人證：
同團的團員就是最好的人證。

5

拍照、錄影：
手機拍照或錄影功能很方便，隨時都可拍下有利的證據。

Q02 簽了買賣（定型化）契約，什麼情況下可以主張無效？

「楊過越到中年，身材越顯中廣，開始憂心自己不再風流倜儻，於是下定決心要開始運動，並且花大錢購買健身中心的會員資格。在簽約時，業務員信誓旦旦地對楊過保證，如果有需要可以向健身中心請假，請假期間不須繳月費。

過了一陣子，楊過為了升遷去上英文補習班，平日下班後還要上課非常辛苦，因此想向健身中心請假半年。沒想到，健身中心

▲圖35：不公平、不合理的定型化契約，不用照單全收。

卻回覆，合約上已註明，除非「健康因素、海外出差或懷孕因素」，否則無法暫停會籍。楊過心想，當初業務員明明說可以，而且這些條文的字這麼小，誰會真的逐字逐句去看。

定型化契約是由單方面預先擬定契約內容，再以這份契約與不同對象訂立合約關係。說白一點，它就像是「公版」的合約。常見的定型化契約有保險契約、租屋買屋契約、旅行契約等等。因為它是公版的合約，而且由企業單方面預先擬定，所以大多以保障業者的權利為優先，這也是它常會發生爭議的原因。

定型化契約雖然是「白紙黑字」，但若

定型化契約無效的相關法條

消費者保護法第12條：定型化契約中之條款違反誠信原則，對消費者顯失公平者，無效。定型化契約中之條款有下列情形之一者，推定其顯失公平：

一、違反平等互惠原則者。

二、條款與其所排除不予適用之任意規定之立法意旨顯相矛盾者。

三、契約之主要權利或義務，因受條款之限制，致契約之目的難以達成者。

有不公平、不合理的地方，消費者並非都要照單全收。

曾有個案例，銀行因向貸款人追討款項不成功，於是找擔保人要求還款。這位擔保人對銀行的做法不服，向法院主張「銀行在定型化契約中，沒有將擔保人的權利義務用特殊字體提醒消費者」，導致他忽略擔保人的義務。法院認為他的主張有理，就判決擔保人不用負擔全額債務。

也曾有公司推銷渡假村會員卡，並在契約上寫明「消費者嗣後不得以任何理由要求解除契約」的規定。法院認定此項條約排除消費者解除或撤銷契約的權利，有失公平合理，已經違反平等互惠原則，就判定該契約無效。

根據上述的判例可知，楊過只要能舉證健身中心有其中一項違約條款，就能向法院聲請主張契約無效。

圖 36

定型化契約不可違反3個原則

定型化契約雖然多以保障業者權利為優先，但不可違反以下3個原則，否則消費者可以向法院聲請主張契約無效。

1 不可違反平等互惠原則

契約內容若對某一方有明顯的不公平，像是電影院為了販賣自家的高價零食，就禁止觀眾攜帶外食入場，就是違反平等互惠原則。

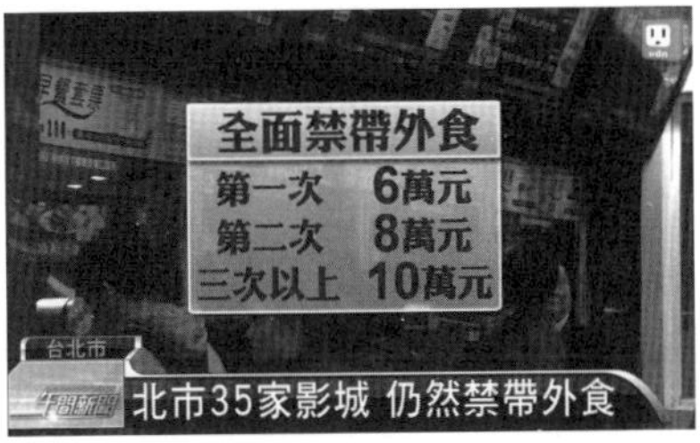

2 不可沒有提供合理的審閱期

各行業定型化契約的審閱期不同，但業者都必須提供審閱期，例如健身中心為3日、瘦身美容為7日、旅遊留學或房屋買賣則都不得低於5日。

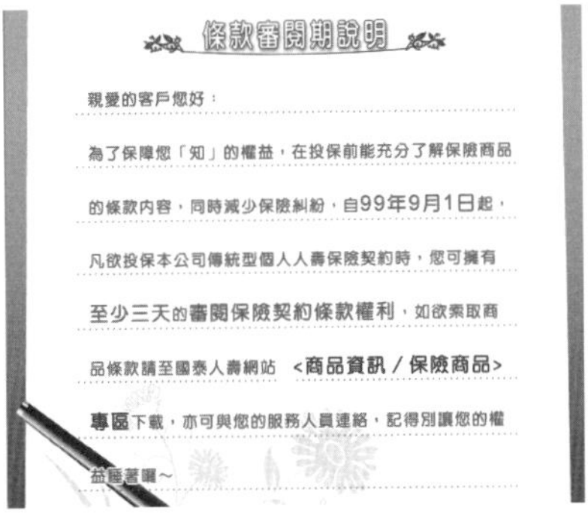

3 不可隱藏異常條款

所謂異常條款，是指消費者不容易注意到，或無法瞭解的條款。例如：字體太小、印刷不清楚，或公告於隱密處等，消費者不容易瞭解或看清楚，就可以主張契約無效。

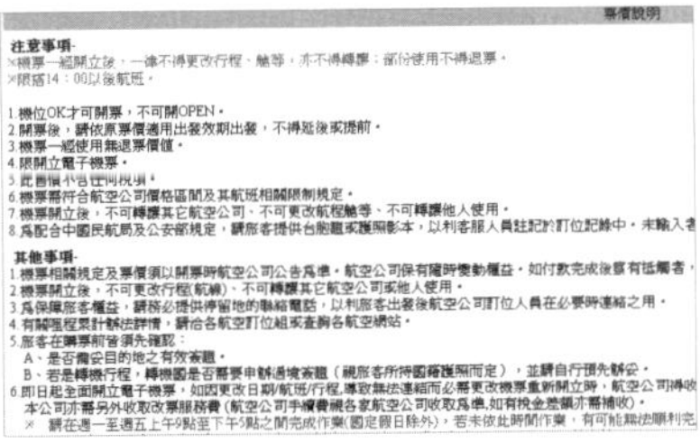

Q03 廠商已倒閉，為什麼我需要繼續繳費用？

「楊過為了報名英文補習班，用小額信貸預付了兩年課程費用。想不到才上了幾次課，補習班就無預警倒閉，楊過氣不過索性也不繳之後的貸款了。

本以為廠商倒了，債務就一筆勾銷，沒想到竟然接到銀行的催繳電話，讓他很納悶，補習班都人去樓空了，為什麼我還要乖乖地繳費啊？」

目前大部分的人購買前例這類預付型商品時，一般多以信用卡或小額信貸方式來付款。以信用卡支

▲圖37：若選擇小額信貸分期付款，得對銀行負起清償責任。

付者，若遇到廠商倒閉或商品不合預期等情形，消費者可依信用卡定型化契約範本第十一條的規定，暫停支付該筆款項。

但是，若使用小額信貸分期付款，就沒那麼幸運了。貸款是消費者與銀行間的契約關係，銀行早已撥出全額款項給廠商，因此不論廠商的經營狀況如何，消費者都必須對銀行負清償責任。如果消費者拒絕準時還款，銀行有權進行催討，並在聯合徵信中心留下不良紀錄。

本書編輯的鄰居王先生，當年就是亞力山大惡性倒閉的受害者，原本五年期的會籍還剩最後一年就到期，結果竟然遇到亞力山大無預警結束營業。由於當初王先生是採小額信貸付款，導致他不但享受不到繼續使用健身房設施的好處，每個月還得繳兩千八百元的貸款費用給銀行。王先生無奈地說：「只好當做

信用卡可暫停付款相關法條

信用卡定型化契約範本第 11 條：持卡人使用信用卡時，如符合各信用卡組織作業規定之下列特殊情形：如預訂商品未獲特約商店移轉商品或其數量不符、預訂服務未獲提供，或於自動化設備上預借現金而未取得金錢或數量不符時，應先向特約商店或辦理預借現金機構尋求解決。（也就是與銀行無關）

捐錢做公益啦！」

根據調查，因購買預付型商品而導致權益受損的消費者中，只有三成能得到補償、三成會主動向消基會申訴，剩下的四成消費者則是認賠了事。

其實，自二〇〇七年七月一日起，由銀行與店家合作辦理的分期貸款，如果店家無法再提供商品或服務，消費者可以準備當初消費的發票或契約，及店家沒有提供商品或服務的證明文件，例如：會員卡、上課證等等，向銀行請求暫停支付貸款。

消費性無擔保貸款相關法條

消費性無擔保貸款定型化契約應記載及不得記載事項第 15 項：（遞延【預付】型商品或服務無法提供時之消費性貸款處理機制聲明書之提供，但不屬本點貸款者除外）金融機構承作遞延（預付）型商品或服務之貸款業務，應於借款人申請貸款時，以「遞延（預付）型商品或服務無法提供時之消費性貸款處理機制聲明書」先告知借款人及保證人相關規範與作業處理程序，該聲明書並為契約內容之一部分。

「遞延（預付）型商品或服務無法提供時之消費性貸款處理機制聲明書」第一項：借款人因遞延（預付）型商品或服務無法提供，而得向本行申請停止繼續付款之消費性貸款。

Q04 商品標示效果與使用後的差異很大，該怎麼辦？

「為了參加古墓派同學會，小龍女在某家藥妝店買了一款號稱五天瘦五公斤的減肥商品，想要盡快改變逐漸走樣的身材。可是，小龍女吃了半個多月後，非但身上的脂肪紋風不動，還經常心悸、胃痛，讓她覺得自己真是自討苦吃……。」

藥妝店裡琳琅滿目的減肥、瘦身商品，究竟是食品還是藥品呢？根據衛福部食品藥物管理

哼哼，吃完這瓶減肥藥，我就能恢復身材了！

▲圖38：以保健食品形式上架的減肥產品，不能宣稱有療效。

署的解釋，選購商品時，可以先檢視其外包裝是否有「藥字號」標示。如果有「藥字號」，那就是藥品，否則只能算是食品。食品主要是提供身體所需熱量及營養，維持生理正常運作，因此不得宣稱療效或誇人功效，以免誤導消費者。

目前國內經衛福部許可的減肥藥，只有羅氏鮮（Xenical）、康纖伴（Alli）及善纖達（Saxenda），其餘的減肥藥品都是不合法的。目前坊間的減肥產品，大部分是以保健食品的形式上架。

根據食品衛生管理法的規定，食品廣告不得涉及醫療功效、虛偽誇張或易生誤解的用詞，因此不可宣稱有減肥療效。另一方面，食品與藥品的審查嚴格程度相差懸殊，只有不肖業者才會以食品方式逃避嚴格審查，再對外宣稱具有神奇療效。

消費者如果已購買這種誇大不實的減肥商品，**除了向消基會申訴，這個減肥商品無法達到廣告所稱的減肥效果，而要求退錢之外，也可以**

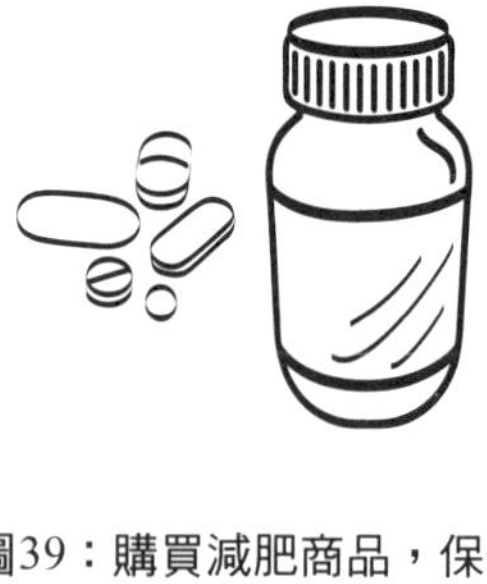

▲圖39：購買減肥商品，保留單據和外包裝等資料。

對業者提出刑事詐欺告訴。如果身體健康受到損害，還可以提起傷害告訴，要求損害賠償。

消費者在購買宣稱有減肥瘦身效果的商品時，應妥善保留單據、商品外包裝及廣告宣傳單等資料，以備日後不時之需。

因此本例中，如果小龍女向業者要求退費時，沒有得到滿意的答覆，就可以另外備妥這些資料，直接向法院提出刑事及民事告訴。

廠商須負賠償責任相關法條

消費者保護法第 7 條：

一、從事設計、生產、製造商品或提供服務之企業經營者，於提供商品流通進入市場，或提供服務時，應確保該商品或服務，符合當時科技或專業水準可合理期待之安全性。

二、商品或服務具有危害消費者生命、身體、健康、財產之可能者，應於明顯處為警告標示及緊急處理危險之方法。

三、企業經營者違反前 2 項規定，致生損害於消費者或第三人時，應負連帶賠償責任。但企業經營者能證明其無過失者，法院得減輕其賠償責任。

Q05 店家收下定金卻反悔，我可以請求賠償嗎？

小龍女心血來潮，想要和朋友一樣當網美，就請楊過幫她買新手機，並指定要某個最新款式。楊過找遍所有店家、網拍、網購等管道，最後終於在一家專賣店看到最後一台現貨。等到要付錢時，他才發現出門太匆忙，忘記帶錢包，只好摸出口袋裡的所有零錢，湊了兩百元先付給店家當「定金」，然後火速衝回家拿錢。沒想到，再回到店裡，老闆已經把手機賣給別人了。

楊過氣不過老闆毀約，害他辦不好小龍女交待的事，還浪費了開車來回的油錢和時間，就要求老闆除了退回定金，還要賠償油錢！但老闆也很強硬，他表示：「定金只有兩百元，退回是小意思，但想要賠償就門都沒有！」

消費者保護協會指出，根據民法規定，買賣的任何一方違約，除了不可歸責於雙方當事人之事由，定金應返還之。其餘，定金都不得請求返還。除非當事人另有約定，否則給定金的人反悔，定金不必還他，而收定金的人反悔，不但要還定金，還要「加倍奉還」當做賠償。

有些店家會玩文字遊戲，辯稱收的是「訂金」而非民法上的「定金」。但法律網站「聯晟法網」指出，購物行為屬於民法的買賣契約，只要雙方都同意約定的內容，無論是書面或口頭的約定都成立，定金並不是契約成立的必要條件。

法律諮詢家網站的陳國瑞律師也認為，「定金」與「訂金」其實都一樣，只

關於定金相關法條

民法第 249 條：定金，除當事人另有訂定外，適用左列之規定：

一、契約履行時，定金應返還或做為給付之一部。

二、契約因可歸責於付定金當事人之事由，致不能履行時，定金不得請求返還。

三、契約因可歸責於受定金當事人之事由，致不能履行時，該當事人應加倍返還其所受之定金。

四、契約因不可歸責於雙方當事人之事由，致不能履行時，定金應返還之。

是用詞的差別，消保會網站甚至還特別註明「訂（定）金」。因此，楊過有權要求店家除了退定金之外，還要加倍賠償。

五月天鼓手冠佑的老婆王行芝，過去也是藝人，現在則經營自創服裝品牌。她曾跟某個商家訂製鈕扣，但付了定金後才發現，對方的開價高出市價不少。她也知道若違約定金應該拿不回來，但為了不要賠得更多，她寧願放棄定金，另找廠商購買。

▲圖40：收定金的人若不履約，應當加倍奉還。

Q06 團購餐券一過期，就變成廢紙嗎？

「楊過和小龍女每到情人節，就會來個浪漫的燭光約會。楊過聽說團購票券很划算，於是在團購網站買了物超所值的半價餐券。沒想到，在情人節當天晚上，他因工作有急事走不開。之後，兩人補過情人節，到這家餐廳吃大餐時，又因為客滿或當天的特價名額已滿，一直無法如願。最後，拖到使用期限過了還沒吃到。楊過該摸摸鼻子認賠，還是可以把錢要回來？」

餐券是一種定型化契約，我們只能依照餐券上的使用規則去消費，就算有任何不利於消費者的限制，也沒有機會要求更改。**但是，行政院消保處自二〇一六年開始，明文規定，餐券上不可以記載使用期限，而且餐券金額就等於現鈔，未使用**

完的餘額也是現金，所以楊過的半價餐券沒有使用期限過期的問題。

如果這家餐廳因為餐券過期不給楊過消費，那楊過就可以根據「誠信原則」要求退款。法務部行政執行署台北分署指出，逾期票券如果要不回錢，可以向消保官申訴，消保官可以依法要求業者限期改善，以保障消費者權益。

後來，楊過順利向團購網站辦理這些過期餐券的退款，同時購買新的餐券，和小龍女好好大吃一頓，慶祝遲來的情人節。

藝人徐若瑄的弟弟曾在東區經營拉麵店，風光開幕時還推出餐券讓顧客購買，沒想到經營不到四個月就關門大吉，讓買餐券的顧客又急又氣，進而向消保官投訴。最後，徐若瑄的弟弟讓持有餐券的顧客退費，拉麵店在台北市西區重新開張時，也讓持有餐券的顧客來使用，才平息了顧客的怒氣，沒有吃上官司。

禮券沒有使用期限相關法條

餐飲業等商品(服務)禮券定型化契約第 2 項不得記載事項，第一款「不得記載使用期限。」

圖 41

不論現金禮券或商品禮券，都沒有使用期限

用錢買回來的餐飲或百貨禮券，等同於現金，因此商店不可以限制它的使用期限，但各商家在禮券上的標示不盡相同，仔細看清楚才不會吃悶虧。

有些禮券會標明已由銀行信託，並有信託的期限，但這不代表禮券的使用期限，千萬別搞錯。

禮券分為現金禮券及商品禮券，商品禮券在購買禮券時就會先開發票，而現金禮券則是在用禮券消費時才會開發票。

外帶商品禮券使用簡則：
1.本券可兌換零售價值NT90冰淇淋迷你杯（100ml）一杯，不受商品等零售價格調整之限制。（融心系列相關產品除外）
2.本券未加蓋本公司禮券專用章者無效。
3.憑券兌換商品，恕不掛失，不得兌換現金。
4.本券發售時已開立統一發票，兌換商品時，恕不再開立。
5.偽造、影印、塗改本券均屬無效；偽造或塗改本券，依法究辦。
6.本商品禮券所收取之金額，已存入發行人於聯邦商業銀行開立之信託專戶，專款專用；信託存續期間自民國102年04月01日至民國104年04月01日止，並於信託存續期間屆滿後，將信託專戶餘額交由發行人領回，但禮券持有人仍得依法向禮券發行人請求給付。
7.本券兌換地點（本券不得與直營門市之其他行銷活動合併使用）：
• 台灣直營門市，欲查門市地點，請上網
或洽客服專線： / 服務時間：週一到週五 09:00-17:30
•全省全家便利商店均可兌換
免付費意見專線 (訂位請撥各店電話)
用餐資訊查詢
本禮券無使用期限。「本禮券由合作金庫商業銀行提供限額履約保證，即以禮券原始出售價格為限，保證期間自本禮券原
開保證期間屆滿後，自動解除全部保證責任，本券之履約保證以合作金庫銀行朝馬分行為清償地」及「消費者因持有本禮

禮券等同於現金，有些店家會特別在禮券上註明無使用期限，但不管有沒有特別註明，所有禮券都是無使用期限的。

Q07 7天鑑賞期的適用範圍為何？

「楊過和小龍女，在假日偶爾會參加二手市集活動，賣賣平常用不到的東西。某天，一位顧客在他們的攤位買了一個電子鍋。沒想到，過沒兩天就打電話給楊過，且態度很差地說，他不喜歡要退貨，還搬出「七天鑑賞期」的規定，說不退貨就要提告，楊過應該讓他退嗎？」

許多消費者會仗著七天鑑賞期的規定，不管在何處購買或購買項目為何，都要商家提供「七天不滿意退貨」的服務。其實，「七天不滿意退貨」是有限制條件的。事實上，**消保法中所說的「七天鑑賞期」，範圍只限於通訊交易或訪問交易（例如：業務員上門推銷）的商品。**

在網路上購買的商品，因為視同通訊交易，所以有「七天鑑賞期」規定，在收到貨品的次日開始，七天內不用任何理由即可無條件退貨。但是，在店面買的商品，不屬於通訊交易或訪問交易，因此不適用七天鑑賞期的規定。

不過，有些商品因為屬性因素，即使是在網路購買也不能夠退貨，包含電腦軟體、影音光碟、書籍等含有著作權的商品，或內衣、內褲、襪子等有衛生因素的商品，也不適用七天鑑賞期的規定。

鑑賞期相關法條

消費者保護法第 2 條第 10、11 項：通訊交易指企業經營者以廣播、電視、電話、傳真、型錄、報紙、雜誌、網際網路、傳單或其他類似之方法，消費者於未能檢視商品或服務下而與企業經營者所訂立之契約。訪問交易指企業經營者未經邀約而與消費者在其住居所、工作場所、公共場所或其他場所所訂立之契約。

消費者保護法第 19 條第 1 項和第 5 項：通訊交易或訪問交易之消費者，得於收受商品或接受服務後七日內，以退回商品或書面通知方式解除契約，無須說明理由及負擔任何費用或對價。但通訊交易有合理例外情事者，不在此限。通訊交易或訪問交易違反本條規定所為之約定，其約定無效。

Q08 租來的車撞壞了，賠償被敲竹槓怎麼辦？

「為了挑到一部好車，楊過想到從小就愛車如癡的朋友金毛獅王，想問問他的意見。沒想到，電話那頭的金毛獅王一副有氣無力的樣子。楊過用關心的口吻詢問他發生什麼事，才知金毛獅王前兩天租了一輛一二〇〇cc的重機，載女友去東部玩，結果才騎到台東都蘭，就因為要閃避路邊突然竄出的流浪犬而犁田，人受傷了不說，車行還要他賠六十萬，包括修車和營業損失。」

產險公會表示，車行如果有買「甲式車體險」，而且金毛獅王租車時有買「免追償附加保險」，就可以讓保險公司賠全額。但因為金毛獅王租的是二五〇cc以上的大型重機，保險事業發展中心統計發現，因為賠款率近四〇〇%（表示保險公司收了一百元保費，卻理賠了四百元出去），所以大型重機的車體險保費漲很大。網路上大型重機的同好分享，因為大型重機的維修費用很難估算，致使產險公司一般都不願保大型重機車體險，而車主也因它的保費偏貴不愛買。

其次，由於車禍的情況屬於「單一車輛交通事故」，根據產險公會「汽車肇事責任分離處理原則」，肇事車輛只有一部時該車負百分之百責任。雖然大型重機名叫機車，可是「道路交通管理處罰條例」第九十二條第六項規定：「大型重型機車，除本條例另有規定外，比照小型汽車適用其行駛及處罰規定。」因此，大型重機車禍責任比照小型汽車車禍規定。

至於車行要他賠六十幾萬，根據永然律師事務所李永然律師的看法，汽車維修服務屬於民法的承攬契約，如須更換零件，又有買賣契約關係，所以有糾紛時，可依照民法相關規定處理。包括民法第四百九十至五百一十四條有關承攬契約的規定，以及民法第三百四十八至三百七十八條的買賣契約規定。

如果金毛獅王認為維修費用太高，還可以參照行政院消費者保護會制訂的「小客車租賃定型化契約應記載及不得記載事項」和「汽車維修服務定型化契約應記載及不得記載事項」，看看車行有沒有違反規定，或有沒有告知。

圖 42

租車契約的4個重點，仔細看才不會當冤大頭

第一條 小客車及隨車附件之所有權歸屬甲方，本合約僅係將該小客車及隨車附件租與乙方使用，乙方並不取得其他任何權利。在租賃期間內，乙方並非甲方任何目的之代理人，有關小客車之任何零件或附件之修護或更換，需經甲方事前核准。乙方於租賃期間內應依本合約給付甲方全部之租金與相關費用。如乙方為兩人或以上時，應負連帶給付責任。甲方不另收取保證金或擔保品。

第二條 乙方及甲方已一併檢驗小客車，乙方同意該租用之小客車、安全配備與隨車附件齊全，具有良好之性能及狀況，並同意負擔於租賃期間內所消耗之燃料，並保證以合法銷售之無鉛汽油為限，如有違反本約定致租賃車輛故障者，應負擔損害賠償責任。乙方還車時，必需以出車時給付的油量基準計算，剩餘之汽油不另退還。

1 說明還車時的油量要和租車時相同，且多餘的燃料不會退還。

第三條 本車輛每日行駛里程不得逾四百公里，逾四百公里，每一公里加收二元累計，但每日加收金額不得逾當日租金之半數。乙方應依約定時間交還車輛，還車時間逾期一小時以上者，每一小時按每日租金十分之一計算收費，逾期六小時以上者，以一日之租金計算收費。但因車輛本身機件故障，致乙方不能依約定時間交還車輛者，不在此限。提前還車時間每滿一日以上者，得請求退還每滿一日部分租金，但乙方享有天數折扣者，甲方得依實際使用日數重算租金，再退還餘額。

2 使用的限制里程、超過里程的計費標準、超過時間還車的計費方式。

第四條 租賃期間乙方應自行駕駛，非經甲方事先同意並登記於本合約不得交由他人駕駛，亦不得擅交無駕照之他人駕駛、從事汽車運輸業行為或充作教練車等用途；並不得載送違禁品、危險品、不潔或易於污損車輛之物品及不適宜隨車之動物類等。違反前兩項約定，甲方得終止租賃契約，並即時收回車輛，如另有損害，並得向乙方請求賠償。

第五條 租賃期間乙方應隨身攜帶駕駛執照、強制汽車責任保險證、汽車出租單及行車執照以供稽查人員查驗，其間所生之停車路通行費等費用，概由乙方自行負擔。前項因違規所生之處罰案件，有關罰鍰應由乙方負責繳清，如由甲方代為者，乙方應負責償還；有關牌照被扣部份，自牌照被扣之日起至公路監理機關通知得領回日止之租金，由乙方負擔。

第九條 該小客車甲方已經投保強制險，乙方依本合約之規定使用小客車時，造成第三人死亡，身體傷害之最高理賠總額，每一事故新台幣160萬元。若因乙方過失其應負責賠償損失之金額超過上述標準上限及範圍者（財損、精神工作等損

失），由乙方自負擔，與甲方無涉。本車輛除強制汽車責任險外，甲方另已投保下列保險：

（一）**駕駛人及乘客個人意外險：**最高理賠每一事故新台幣1500萬至2400萬元（5 或 8人×300 萬），即每一名乘客均有新台幣300 萬元之保障（超載部份除外）。

（二）**任意第三人責任險：**每人傷亡保額/每次事故傷亡總保額/每次事故財務損失保額分別為 200 萬元/ 400 萬元/ 50 萬元。

（三）**竊盜險**（10%自負額由承租人負擔）：因可歸責於乙方之事由致本車輛遺失或被盜者，甲方同意乙方支付市價與保險賠償金額之差額（不含VCD、音響、備胎等零件失竊及本約第10條所約定之營業損失，最長以20日為限）。

（四）**上述保險不包括因自然災害**（如洪水、颱風、地震等）造成之損傷及車內配備（VCD、音響、備胎等零件）或損壞之賠償責任，承租人對車體、車內配備及出租之相關設備（GPS/腳踏車/安全座椅/冰箱等）有保管之責，損竊事實發生，相關賠償概由承租人負擔。

3 租車的保險條款。

第十條 因可歸責於乙方之事由致本車輛損壞者，乙方應依實際維修費用賠償予甲方，惟如維修費用大於1萬元時，甲方同意乙方賠償金額最高以壹萬元為限（不含酗酒、不明車損或乙方自願負擔車輛損失而與對方和解等類似情況），但不包含車輛修復期間之營業損失。車輛修復（含失竊）期間在十日以內者，並應償付該期間百分之七十之定價；在十一日以上十五日以內，並應償付該期間百分之六十之定價；在十六日以上者，並應償付該期間百分之五十之定價。但期間之計算，最長以二十日為限。

4 車子損壞時的賠償費用，例如：修車維修費最多只須賠償1萬元。

第十一條 乙方還車地點包含甲方全省短租據點，惟應依事先協定（取車前）之預計還車地點（契約正面詳述）還車，在預計還車地點以外之其他處所還車者，甲方另收取處理費新台幣1,000元整。

第十二條 甲方應擔保租賃期間內本車輛合於約定使用狀態，如違反，雙方得依物之瑕疵擔保或債務不履行等相關法律規定辦理。

第十三條 因本契約發生訴訟時，甲、乙雙方同意以台灣臺北地方法院為第一審管轄法院，但不得排除消費者保護法第四十七條及民事訴訟法第四百三十六條之九規定之小額訴訟管轄法院之適用。

Q09 新車已經掛牌，有重大瑕疵也不能退嗎？

「最近，楊過那台開了快二十年的老爺車，常常會故障拋錨，就算送修也找不到原廠零件可替換。楊過想到日後跟小龍女有了愛的結晶後，終究也要換車，於是決定現在就換新車。但楊過最近聽到朋友張無忌說，他買到一輛引擎和變速箱都有問題的「檸檬車」（有品質瑕疵的車款），但因為已經掛牌，就算只買三天，也沒辦法退車、還錢，只能放在保修廠修理，到現在買了兩個月，開車的時間不到一週⋯⋯。」

▲圖43：買新車盡量不改裝，發生問題才能證明有瑕疵。

大多數的車商規定，新車交車後三十至六十天內，如果出現重大瑕疵，經車廠維修兩次（有的規定三次）都修不好，才可解約退款或換一部新車。問題是，有些「檸檬車」沒重大瑕疵，但小毛病一大堆，而且如果交車六十天以後才發生的重大瑕疵，就不算是產品原有的瑕疵嗎？

為了避免雙方對於瑕疵的爭議，消基會建議新車不要改裝，如果是車商加裝的配備，就一定要車商保證負責保固，同時要完整保留所有文件，包含DM廣告、報紙廣告、名片，如果有錄音也要存檔。這樣才能在萬一發生問題時，可以證明瑕疵是車廠原來就有的，而不是車主造成的，才能依據民法取得求償有利地位。

只要是一年內或里程兩萬公里內的新車，非營業用或租賃車，且沒有改裝，有完整原廠維修紀錄，都可以向消基會申訴。

購車糾紛相關法條

民法第 354、364、369 條：汽車買賣定型化契約應記載及不得記載事項。

汽車買賣定型化契約範本第 6 條：新車如有 6 種重大瑕疵可以解約或換車。

民法第 348 至 378 條：買賣契約的效力，及瑕疵品的處理。

圖 44

新車出現6種重大瑕疵，可退錢或換車

汽車交付後，在約定的天數（不得少於180日）或行駛公里數（不得少於12,000公里）之內（以先到者為準），若有下列重大瑕疵之一，買方得請求更換同型（或等值）新車，或解除契約。

1 於行駛中突然起火燃燒。

2 於排檔或行駛時發生暴衝，送回車廠檢修2次，仍沒修好。

3 於行駛中煞車失靈，送回車廠檢修2次仍沒修好。

4 行駛中突然熄火故障，送回車廠檢修2次仍沒修好。

5 於行駛中引擎溫度升高至極限，送回車廠檢修2次仍沒修好。

6 其他重大瑕疵，有危害生命安全或身體健康之虞，送回車廠檢修2次仍沒修好。

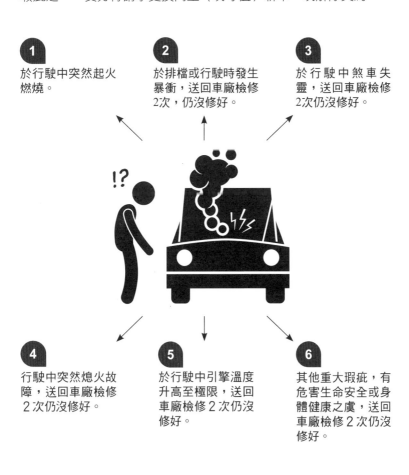

Q10 在網拍買到瑕疵品，怎麼保障自身權益？

小龍女換了新手機後，楊過也看到一家強調物超所值的「大米」牌智慧型手機引進台灣，十分心動。但大米只能在原廠網站上購買，而且每次開賣都是秒殺，楊過搶購了好幾次還是買不到。

後來他忍不住向網拍的賣家購買，也依約匯了錢過去。過幾天收到貨，沒想到盒子打開後，竟是一塊磚頭。緊急連絡賣家，卻發現賣家已經聯絡不上，楊過氣得

▲圖45：商品有瑕疵，7天內都可退錢。

幾乎要心臟病發作。心想一定要把這個壞蛋繩之以法，並告他惡意詐欺！」

賣家拿磚塊假冒手機出貨，觸犯了刑法第三百三十九條第一項詐欺罪，這已經不是單純的購物糾紛，楊過應向刑事警察局反詐騙專線一六五報案，讓警察來處理。

如果收到的商品沒錯，但發現有瑕疵，即使賣家不是企業或公司，不適用消保法有關七天鑑賞期的規定，還是可以依照民法的消費規定，在七天內請求換貨或退錢。

購物瑕疵相關法條

民法第 354、356、359、364、369 條：有關物的瑕疵擔保，規定買方可要求賣方退、換貨、退錢。

行政院消費者保護委員會台 87 消保法字第 571 號函：個人或商號出售商品，必須視其是不是經常性的業務行為，如果是才受「消保法」保障限制。

刑法第 339 條第 1 項：詐欺罪就是用詐術使人受騙付錢，造成受騙者財物損失。

圖 46

網購商品退貨的4個原則，保障買賣權益

7天鑑賞期是對消費者的保護，但不代表我們可以隨意試用商品再退貨。瞭解網購商品退貨的4個基本原則，買賣雙方都不怕權益受損。

1

退貨時必須是沒有損害產品價值，也沒有破壞外觀，所以收貨時拆封要特別小心。

2

網購食品也在7天鑑賞期的規定範圍內，但有誠信原則，不能吃掉一半才說要退貨。

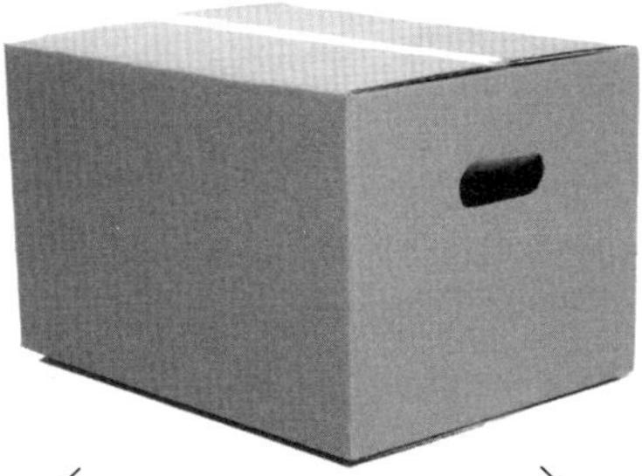

3

只要是在7天鑑賞期之內，就可以無條件退貨，而且不只有把貨物寄回才算退貨，只要確實讓賣方知道你要退貨，就算是解除買賣契約。

4

為了避免退貨時找不到賣方，最好確實拿到賣方的名字、公司名稱、地址等基本資料後，再付錢交易。

重點整理

- 定型化契約雖然是「白紙黑字」，但若是有不公平、不合理的地方，消費者並非都要照單全收。
- 消費者如果已購買誇大不實的減肥商品，除了可以向消基會申訴要求退錢，也可以對業者提出刑事詐欺告訴。
- 「定金」與「訂金」其實一樣，只是用詞的差別，消保會網站還特別註明「訂（定）金」。
- 消保會有規定，餐券上不可以記載使用期限，而且餐券金額就等於現鈔，未使用完的餘額也是現金。
- 消保法中所說的「七天鑑賞期」，範圍只限通訊交易或訪問交易（例如：業務員上門推銷）的商品。

法律筆記

NOTE

第5章

租售房事篇——黑心房東和房仲不說，但你要知道的事

Q01 管委會規定不能裝鐵窗，但擔心小孩墜樓怎麼辦？

「楊媽媽住在楊過家附近，因此時常帶著三歲的小外甥來串門子。某天，楊過和媽媽正在聊天時，突然發現三歲的外甥踩著椅子、爬上窗檯，差點跌出窗外。楊過嚇死了，想到自己將來也會有小寶寶，他日很可能會再發生今天這樣的情景，於是趕緊叫廠商來裝鐵窗。沒想到施工當天，社區管委會總幹事就跑來跟楊過說，社區規定不能裝鐵窗，要求他要工人馬上停工，否則要把楊過家的門禁卡消磁，讓他回不了家。」

根據「公寓大廈管理條例」，管委會確實可以規定社區不能裝鐵窗，違反可能吃上官司，但因為小孩墜樓事件不斷發生，所以二〇一三年通過的「兒童防墜條款」修正案，就規定**如果家中有十二歲以下兒童或六十五歲以上老人，只要不影響逃生和突出牆面，就算管委會規定不能裝鐵窗，還是可以在外牆和陽臺設置隱形鐵窗等防墜設備。**

不過，此防墜規定也有「回復條款」——等到小孩滿十三歲以後，那就要按照管委會的規定，將之拆除。

但不管楊過有沒有違反社區規定，管委會都不可以讓他回不了家。因為住戶進出社區屬於人身自由，管委會無權限制，如果管委會真的把門禁卡消磁，就會構成刑法上的妨礙自由罪，楊過可以對他提告。

陽台不得裝鐵窗相關法條

公寓大廈管理條例第 8 條第 1 項：公寓大廈周圍上下、外牆面、樓頂平臺及不屬專有部分之防空避難設備，其變更構造、顏色、設置廣告物、鐵鋁窗或其他類似之行為，除應依法令規定辦理外，應受該規約或區分所有權人會議決議之限制。

公寓大廈管理條例第 8 條第 2 項：公寓大廈有 12 歲以下兒童或 65 歲以上老人之住戶，外牆開口部或陽臺得設置不妨礙逃生且不突出外牆面之防墜設施。防墜設施設置後，設置理由消失且不符前項限制者，區分所有權人應予改善或回復原狀。

Q02 如果鄰居檢舉，老違建也會被拆除嗎？

楊過的媽媽住在屋齡三十年以上的公寓頂樓，在楊過還沒出生前，就把頂樓加蓋，並隔成好幾間套房出租給學生，於是每個月多了好幾萬元的收入。楊媽媽也透過負責清潔打掃樓梯間、公共區域，努力和鄰居打好關係。

沒想到，今年初楊媽媽家的樓下，搬來一對退休夫妻，時常嫌頂樓加蓋的學生房客太吵，頻頻上門按電鈴，抱怨：「可不可以管管那些學生？他們上下樓梯的時候蹦蹦跳跳，過了晚上十點還大聲講話，吵得我們沒有辦法睡覺。」

楊媽媽為此貼公告，提醒學生上下樓梯盡量保持安靜，深夜不要大聲喧嘩。但樓下的老夫妻依舊上門找碴，看到樓梯間有亂丟的衛生紙或飲料罐，就硬說是學生房客亂丟的，甚至威脅楊媽媽：「你們這樣加蓋是違法的，我要去舉發頂樓違建，省得每天被這群學生吵得耳根子無法清靜！」

果不其然，楊媽媽收到樓下鄰居寄來的存證信函，要求將頂樓加蓋的空間還給公寓裡所有的住戶。楊媽媽對此相當不甘心：「當初買這房子的時候，總價比別人還貴，而且每年的房屋稅都要多繳，政府都收錢了，為何還要拆我的房子？」

違建當然一定要拆除，但因為違建數量太多，縣市政府拆除人力不足，因此都會區分立即拆除和緩拆的違法建築二種。以台北市為例，民國八十四年以後新蓋的違建，絕對「即報即拆」，只要有人檢舉立刻拆除；而民國八十四年以前就存在的違建，屬於「緩拆」的既存違建，原則上政府不會主動拆除，但這絕對不代表就變成合法建築。

光是在台北市，民國八十四年以前加蓋的既存違建就有十幾萬件，而每年新增的違建就有一萬多件，致使市政府拆除人力不足，所以先處理新蓋的違建，既存違建只要沒有立即性的危險，都暫緩處理。但因為**頂樓空間的使用權，是屬於全體**

▲ 圖47：鐵皮屋被檢舉或提告，不管新舊一律拆除。

住戶逃生或活動所有，如果有住戶告上法院，就算是緩拆的既存違建，也都會被法官判決強制拆除。

曾經有個判例，就是屋主將八十四年以前加蓋的既存違建出租，結果被其他住戶告上法院，因為法院判決只看違法與否，不管市府的行政權，所以除了違建被判決要立即拆除，還要將歷年來所得的租金一百七十多萬元，分給全體住戶。

另外，要注意的是，既存違建如果因為損壞（例如：漏水）要修繕，必須向政府相關單位申請，且現場審核通過後，也要以規定的方式維修，如果既存違建沒有申請就進行改建或維修，立刻就變成新違建，會馬上被拆除。

有一對陳姓年輕夫妻，買了信義區一間屋齡二十多年的七樓公寓，含公寓八十四年以前就加蓋的既存違建頂樓，夫妻倆花了不少錢重新裝潢，布置得十分溫馨舒適。沒想到買屋半年後，加蓋的頂樓屋頂開始漏水，家裡的鍋碗瓢盆、水桶甚至塑膠收納箱都拿出來接水，還不夠用，最後只好請裝修公司來修理，並在原本的屋頂上再加蓋一層屋頂。

但是，小夫妻不知道既存違建在施工前要提出申請，結果新屋頂蓋好後，被鄰居檢舉，小夫妻為了不讓自己的積蓄泡湯，還找上市議員陳情，但違規加蓋違建的事實明確，連民意代表也束手無策。最後，屋內的裝潢和屋頂都被認定為新違建，通通都被拆除大隊拆光。

真衰，外面下大雨，屋內下小雨，得找人來修屋頂了……
Leaking Roof

▲圖48：既存違建施工前，必須提出申請。

Q03 搬家時，房東要求回復出租物的原始狀態，合理嗎？

「楊過先前獨自在外租屋，租約期滿前就向房東表示自己即將結婚，原先的套房不再續租。東西通通搬走後，楊過簡單打掃一下房子，便將鑰匙歸還給房東。兩天後，楊過接到房東的來電，要求他必須回復租屋的「原始狀態」，將米白色的牆面重新粉刷為原本的黑色，才會退還押金。此舉讓楊過氣得向小龍女抱怨，怎麼會有人想住在烏漆墨黑的房子裡。」

租約到期後，房客理應交還鑰匙及租屋處。除此之外，**不管契約中是否有明訂，房東都有權要求房客退租後要將租賃物恢復原狀。**

房屋退租時，通常房客與房東會共同進行點交，但有時會因為雙方對房屋復原程度的認知不同，致使意見分歧，產生糾紛。要避免這種狀況，**專家建議，租房子時最好在租約裡詳細載明屋內所有設備，甚至拍照存證，以保障雙方權益。**

不過也有例外。有位單身女子手頭頗為寬裕，花了不少錢裝潢租屋處；幾年後，因為準備結婚要搬家，就請房東來看看，屋內哪些裝潢必須移除。沒想到房東想保留裝潢風格，還自願少收一個月的房租，算是補貼裝潢費用。

崔媽媽基金會法務組組長曹筱筠提醒，租屋簽約時可向房東確認，日後返還房屋時需要回復屋況到何種程度。一般而言，自然耗損、正常使用痕跡，都屬於合理範圍，不能歸類為需要賠償；而房客在承租期間想要裝潢，就算是自掏腰包，也必須先徵求房東的同意。

回復租賃物原狀相關法條

民法第 431 條：承租人就租賃物支出有益費用，因而增加該物之價值者，如出租人知其情事而不為反對之表示，於租賃關係終止時，應償還其費用。但以其現存之增價額為限。承租人就租賃物所增設之工作物，得取回之。但應回復租賃物之原狀。

Q04 被房仲的不實話術欺騙，怎麼把錢拿回來？

楊過和小龍女上個月步入禮堂後，開始覺得應該要買間房子定下來，所以委託房屋仲介公司幫忙找適合的房子，房仲業務員很快就帶他們夫妻倆看了一間符合預算的中古屋。小龍女覺得很不錯，但還想多比較、比較，但房仲業務員馬上就說這房很便宜，如果不馬上「下斡旋」，一定會立刻被買走。

小龍女被房仲業務員慫恿，一時昏了頭付了三十萬的「斡旋金」。但後來發現，那間房子已經空了兩年，售價還比附近相同房型貴上不少，根本不值得買，但已經付出去的斡旋金還拿得回來嗎？

政府在一九九七年已明文規定，房仲業若提出支付「斡旋金」的要求，應該同時告知消費者，也可以採用內政部擬定的「要約書」。簽訂要約書不必支付任何費用，而且在「賣方答應賣出」或「仲介將要約書送達賣方」之前，買方可以撤回要約書。如果仲介執意要求買方付斡旋金，應該透過書面明訂交付斡旋金的目的。

消費者文教基金會指出，消費者購屋議價時，應優先考慮用要約書，而不是付斡旋金。無論房仲業者用什麼名目或花招，要求買方付斡旋金，消費者都應堅持用內政部版的要約書，而且一毛錢也不要先付。如果房仲不肯這麼做，就換一家願意這麼做的房仲公司。

但要注意的是，要約書雖然不用立刻付現金，但如果反悔不買，也是要賠償違約金給賣家。目前要約書載明的違約金，通常約定為總價的三%，如果房屋的總價較高時，違約金可能比斡旋金還多，消費者要注意。

預售屋的買賣也常發生消費糾紛。藝人周杰倫的媽媽，二〇〇八年買下新北市淡水區的景觀豪宅預售屋，但交屋後才發現周邊有亂葬崗而要求解約，但建商回應若周媽媽違約，必須支付四百萬元違約金。雙方對簿公堂後，法院認為周媽媽事前沒有提出疑問，且建商也已將墓地遷移，所以判周媽媽敗訴，必須盡快把尾款交予建商，否則要支付解約的違約金。

圖 49

善用不動產買賣要約書，減少議價糾紛

內政部在「不動產委託銷售契約書範本」中附上要約書，議價時可下載使用，以減少斡旋金產生的糾紛。

簽訂要約書時，要確認買方是否為本人，和賣方是不是房屋權狀的所有人，簽訂才有效。

要約書簽訂後，在房仲送到賣方手上或賣方確認前都還能反悔。

契約審閱權

本要約書及附件（不動產說明書及出售條款影本）於中華民國____年____月____日經買方攜回審閱____日。（契約審閱期間至少三日）

買方簽章：____________________

立要約書人____________（以下簡稱買方）經由____公司（或商號）仲介，買方願依下列條件承購上開不動產，爰特立此要約書：

第一條　不動產買賣標的

本要約書有關不動產買賣標的之土地標示、建築改良物標示、車位標示，均詳如不動產說明書。

第二條　承購總價款、付款條件及其他要約條件

一、承購總價款及同時履行條件

二、其他要約條件____________

第三條　要約之拘束

一、本要約書須經賣方親自記明承諾時間及簽章並送達買方時，雙方即應負履行簽立本約之一切義務。但賣方將要約擴張、限制或變更而為承諾時，視為拒絕原要約而為新要約，須再經買方承諾並送達賣方。本要約書須併同其附件送達之。

二、賣方或其受託人（仲介公司或商號）所提供之不動產說明書，經買方簽章同意者，為本要約書之一部分，但本要約書應優先適用。

第四條　要約撤回權

一、買方於第七條之要約期限內有撤回權。但賣方已承諾買方之要約條件，並經受託人（仲介公司或商號）送達買方者，不在此限。

二、買方於行使撤回權時應以郵局存證信函送達，或以書面親自送達賣方，或送達至賣方所授權本要約書末頁所載____公司（或商號）地址，即生撤回效力。

第五條　簽訂不動產買賣契約書之期間

本要約書依第三條承諾送達他方之日起__日內，買賣雙方應於共同指定之處所，就有關稅費及其他費用之負擔、委託人及買方共同申請辦理或協商指定地政士、付款條件、貸款問題、交屋約定及其他相關事項進行協商後，簽訂不動產買賣契約書。

第六條　要約之生效

本要約書及其附件壹式肆份，由買賣雙方及__公司（或商號）各執乙份為憑，另一份係為買賣雙方要約及承諾時之憑據，並自簽認日起即生要約之效力。

第七條　要約之有效期間

買方之要約期間至民國____年____月____日____時止。但要約有第三條第一款但書之情形時，本要約書及其附件同時失效。

賣方：　　　　（簽章）於　　年　　月　　日

於賣方承諾要約條件後送達至買方時，應同時於空

※賣方如有修改本要約書之要約條件時，應同時註明重新要約之要約有效期限。

電話：

地址：

國民身分證統一編號：

受託人：　　　　（公司或商號）

地址：

電話：

營利事業登記證：（　　）字第　　　號

要約書簽約注意事項

一、要約書之性質

本範本附件二所訂要約書之性質為預約，故簽訂本要約書後，買賣雙方有協商簽立本約（不動產買賣契約）之義務。

二、要約書之審閱期限

本要約書係為消費者保護法第十七條所稱之定型化契約，故要約書前言所敘「・・・經買方攜回審閱__日（至少三日以上）・・・」旨在使買方於簽訂要約書前能充分了解賣方之出售條件、不動產說明書，以保障其權益。

三、要約書之效力

買方所簽訂之要約書，除有民法第一百五十四條第一項但書之規定外，要約人因要約而受拘束。故本要約書如經賣方簽章同意並送達買方時，預約即為成立生效，除因買賣契約之內容無法合意外，雙方應履行簽立本約（不動產買賣契約書）之一切義務。

特別注意要約書註明的違約金會不會太高，一般房仲多半採用3%，簽訂前要確認或協調修改。

Q05 新家裝潢完成後，發現建材長蛀蟲怎麼辦？

「楊過和小龍女歷經一番辛苦後，終於買到理想的小窩，之後又等待六個月的裝潢期，終於能住進夢想的家。但是，住進來沒多久，每到夜深人靜時，小龍女總會聽到一些窸窸窣窣的聲音，此起彼落，卻總找不出原因。

如此隔了一陣子，某天小龍女拉開一個許久沒用的抽屜，翻找衣物時，彷彿看到有東西在移動。她定睛一看，發現木頭抽屜的

▲圖50：若業者不修補瑕疵，在保固期內提出訴訟。

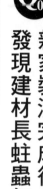

層板裡，竟然有成群的小蟲爬進爬出！她驚恐地尖叫出來，並立刻奪門而出。」

居家裝潢要注意的，不只是格局配置、裝潢作工粗細等問題，還有許多「眉角」要顧到。以木材為例，不同樹木的特性、乾燥防蟲的處理、夾板的製成品質等等，都會影響將來的居住品質。

如果聽到木材蛀蝕的聲音，或在木傢俱上發現小孔、粉塵，那可能就有「蟲蟲危機」了。遇到這種狀況，一定要立即處理。有些人習慣自己買藥來除蟲，但蛀蟲的種類眾多，一般人不易判定也無法對症下藥，最好是找專業的除蟲公司來鑑定及善後。

住在新北市的吳小姐，上個月才花了一筆錢裝潢新家。崇尚自然風的她，將五個房間都做了木質地板。但完工後不久，竟看到屋內有許多小蟲從新做的地板底

要求惡意廠商賠償相關法條

民法第 363 條：如果遇到廠商遲不修補，則消費者自行僱工修補所產生之費用，可以向原承攬之木板公司請求償還修補之必要費用。若只是局部蟲蛀，尚不得恣意解除全部契約，僅得就有瑕疵之物部分為解除，請求返還解除該部分之價金。

下鑽出，嚇得她當場大哭。

吳小姐趕緊找專家來處理，才發現原來這些小蟲都是蛀蟲。專家判定這些蛀蟲的蟲卵早就潛藏在木地板底下，只是牠們需要一個月的孵化期，加上施工前沒被發現。遇到這樣的狀況，如果是剛裝潢好，屋主要立即向裝潢業者反應，協商如何處理並賠償損失。

要特別注意的是，裝潢保固期不長，約半年到一年左右，所以一旦發現問題要立即向業者反應和處理，以免過了保固期，或請求權時效過期。

吳小姐向業者反應後，對方否認木材有瑕疵，因協商不成，雙方最終鬧上法庭。最後經法官判定，負責裝潢地板的業者、提供木料的業者要負連帶責任，賠償除蟲和重新裝潢的金錢損失，總計六十一萬元。

圖51

房子裝潢完，驗收要注意這些事項

要打造理想的家的確不簡單，為了避免裝潢糾紛，《成家新鮮人裝修不敗攻略》這本書，提供裝潢新手一些驗收時要注意的事。

步驟 1 確實檢查

驗收時確實丈量尺寸，並比對估價單，若遇到需要改善的地方，可以便利貼標記，或用相機記錄。

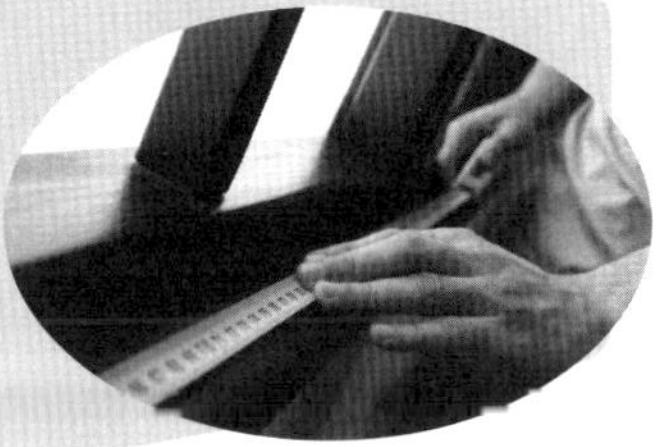

步驟 2 沒問題再付款

只要驗收有問題，就不要付尾款。工程若是交由設計師統包並監工，修改錯誤的費用應由設計師負責。

步驟 3 保留合約

驗收後要保留各階段的合約文件、監工日誌、竣工照、驗收表等，做為日後爭議處理的憑據。

Q06 房東提高租金或房客不付租金，該如何應對？

「小龍女婚後，把婚前投資的小套房出租，每個月可以收八千元租金，也算是個穩定的金雞母。之前小套房那一帶是冷門地區，近幾年才發展起來，圖書館、游泳池、大賣場及各式餐館陸續出現，居住生活機能越來越好，讓小龍女開始興起調漲租金的念頭。她覺得租金漲個一千元應該還算合理，就打算下次收房租時，要向房客提一下。」

在自由經濟的社會，不動產的價值增加時，房

▲圖52：房東有增加租金的權利。

東擁有增加租金的權利；相反地，當有任何因素導致房屋價格降低時，房客也能請求減少租金。不過有個但書，就是如果租約有設定期限，雙方都不得在期限內請求增減租金，必須等到租約到期換約時才能調整租金。

日前政府為打房，調高非自住的房屋稅率，沒想到卻有房客因此受害，每月將多付一〇%的租金。花蓮縣一名租屋的房客在臉書分享一則公告，公告內容是房東告訴房客，指因政府提高房屋稅率，因此房屋租金將於民國一〇四年統一調漲，從每月一萬元調整至一萬一千元。月漲一〇%的租金讓網友質疑，房屋稅真的有漲這麼多嗎？

若房東要增加租金，房客卻不配合時，房東是可以向法院提起請求判決增加租金的訴訟。法官會依房東的主張做出明確的判決，雙方必須依照判決結果履行義務。如果房客還是不願履行判決，房東可主張房客違約，依遲付或拒付租金的規定來辦理。

租金提高相關法條

民法第 442 條：租賃物為不動產者，因其價值之昇降，當事人得聲請法院增減其租金。但其租賃定有期限者，不在此限。

圖 53

房客遲遲不付租金，房東可採取3個步驟

民法規定，房客若超過兩個月未繳交租金，房東有權終止租約。實務上，房東可依據以下程序來處理。

步驟 1 寄發存證信函

以存證信函通知房客，在期限內付清積欠的房租。

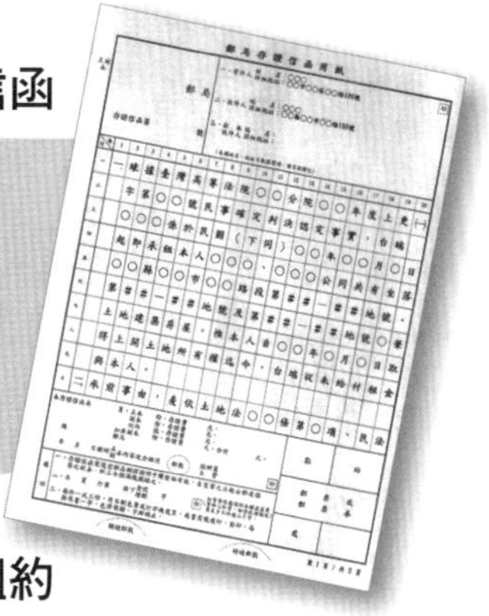

步驟 2 主張終止租約

只要積欠超過2個月租金，房東即可主張終止租約。若承租人拒絕搬遷，房東可向法院提起訴訟。

步驟 3 聲請強制執行

若房客還堅決不搬離，房東可再向法院聲請強制執行，由司法人員來進行強制搬遷。

Q07 天花板滲水，到底樓上樓下誰該負責修？

楊過與小龍女住進新房沒多久，發現浴室的天花板和牆壁都因為漏水而受損，請來工人檢查後，查出漏水點在樓上，建議楊過去找樓上的鄰居協助解決漏水問題。沒想到，樓上鄰居不僅不配合還惡言相向，回嗆說：「要修你自己去修，我不會讓你的工人進來修，也不可能付錢！」

就在楊過還在為樓上漏水頭痛時，樓下鄰居也跑來湊熱鬧，說楊過家的浴室會漏水，害他們家臥室天花板油漆脫落出現壁癌，還一口咬定一定是楊過在裝潢時施工出問題，要求楊過必須負責修好，還要賠償漏水弄壞的家具。同樣都是漏水問題，樓上和樓下都要楊過出錢處理，這樣「咁有理」？

從內政部房地產消費糾紛原因統計可發現，房屋漏水連年第一名，而且大部分都發生在中古屋。因為買家看屋時常常只看到漂亮的全新裝潢，無法發現漏水情況；屋主或仲介多半也不會主動告知，所以交屋後常常引發糾紛。

簡榮宗律師表示，**根據民法對「瑕疵」的規定，如果交屋後發現漏水問題，可以要求前屋主負責修理、退回部分款項，甚至解約不買了**。此外，若房屋仲介公司有提供「房屋漏水保固書」，屋內出現漏水問題，就可以直接要求房屋仲介公司出面處理，只要在保固期間內就有法律效力。

漏水的修理責任，要先看原因是人為或非人為，如果是人為因素，就要由造成的人負責修繕；若是非人為造成，就要看漏水的位置，如在共同管線上，那就要由全體住戶或雙方一起負責。但如果是私有範圍漏水，例如：樓上的地板防水層失效或水泥老化，導致樓下的天花板漏水，那樓上就要負責修理。

曾有一則漏水糾紛的新聞：二樓的天花板不停地漏水，但三樓住戶認為漏水有各種原因，不完全是他的責任，因此置之不理。雙方為此爭吵不停，最後告上法院。經過技師公會鑑定後認定，是三樓的浴室地板防水功能老化、出現裂縫，才影響到二樓，所以三樓住戶必須負責把漏水狀況修好。

要特別注意，房屋漏水的責任歸屬若與官司或賠償有關，必須找具有公信力的第三方單位來鑑定，例如：台灣營建防水技術協進會、各地土木技師公會或建築師公會，都是法院採信的鑑定單位。

另外，公寓大廈住戶如果遇到房屋漏水，管理負責人或管理委員會因維護、修繕共用部分或設置管線，必須進入房屋內探查漏水原因時，依據公寓大廈管理條例第六條第一項第三款規定，住戶應配合且不得拒絕。不過，管理負責人或管理委員會也要儘量減少損害發生，對於因此而造成的損害，依據同條第二項規定，應修復或補償。

修繕費歸屬相關法條

公寓大廈管理條例第 12 條：有部分之共同壁及樓地板或其內之管線，其維修費用由該共同壁雙方或樓地板上下方之區分所有權人共同負擔。但修繕費係因可歸責於區分所有權人之事由所致者，由該區分所有權人負擔。

Q08 管委會有權力將大廳租給攤販賺租金嗎？

有天楊過下班後一踏進社區大廳，就聽到某棟住戶的咒罵聲：「怎麼可以在這裡賣東西，把大廳搞得又髒又亂，現在馬上收一收滾蛋！」原來這住戶在罵攤販老闆，只見老闆也不甘示弱地回嗆：「我可是有付錢給管委會，白紙黑字，契約在這裡，誰都不能趕我走！」楊過雖然不想社區大廳有人擺攤，但心想，管委會都已經跟對方簽約，要趕人走談何容易？

▲圖54：社區大廳不得違法進行商業行為。

社區大廳屬於住宅區的範圍，依法絕對不能設立攤販進行商業行為，否則政府可以開出六到三十萬元的罰單，即使管委會同意，也是違法的。

根據公寓大廈管理條例，管委會是為了執行所有權人會議和管理維護公寓社區而設的，管委會的決定不能違反各項法律和所有住戶的決議。曾有管委會主委，明知道社區大會的住戶出席人數，沒有達到表決門檻，竟然不經表決就決定要給各委員「發薪水」。這不只是違反了管委會的決定不能違反住戶的決議，也違反「管理委員係採無給職」的規定。住戶可以透過書面，向管委會提出反對意見，如果管委會不理會，還可以向縣市政府申訴。

管委會相關法條

公寓大廈管理條例第 37 條：管理委員會會議決議之內容不得違反本條例、規約或區分所有權人會議決議。

都市計畫法第 79 條：都市計畫範圍內土地或建築物之使用，違反本法或政府發布之命令者，得處新臺幣 6 萬元以上 30 萬元以下罰鍰，並勒令拆除、改建、停止使用或恢復原狀。否則得按次處罰，並停止供水、供電、封閉強制拆除或採取其他恢復原狀之措施，其費用由土地或建築物所有權人、使用人或管理人負擔。

重點整理

- 如果家中有12歲以下兒童或65歲以上老人，只要不影響逃生和突出牆面，就算管委會規定不能裝鐵窗，還是可以在外牆和陽臺設置隱形鐵窗等防墜設備。
- 頂樓空間的使用權是屬於全體住戶逃生或活動所有，如果有住戶告上法院，就算是緩拆的既存違建，也都會被法官判決強制拆除。
- 租房子簽約時，最好在租約裡詳細載明屋內所有設備，甚至拍照存證，以保障雙方權益。
- 消費者購屋進行議價時，應優先採用要約書，而不是支付斡旋金。
- 房東要提高租金，房客卻不配合時，房東可以向法院提起請求判決增加租金的訴訟。

第6章

與親友財務篇——總以為自己人還好，但扯到錢就糟糕！

Q01 爸爸分配遺產不公平，竟然一毛錢都不給我？

楊過有個遠房叔公楊業已經年過八十，他有七個兒子，其中六個都已各自成家、事業有成，唯獨楊六郎因為幼年時得了腦膜炎，導致腦部受損，留下癲癇的後遺症，以至於至今尚未成家，也一事無成。

楊業始終覺得愧對楊六郎，於是在遺囑中寫明他的所有存款兩千一百萬元當中，六百萬元由已經成家的六個兒子均分，剩下的一千五百萬元全都留給楊六郎。其他的兒子知道遺囑內容後，紛紛對其父親表達抗議，楊業很霸氣地回答：「這是我的財產，我愛怎麼分就怎麼分，你們就算找法官來講都沒用！」

前行政院長李煥過世後，留有價值幾千萬的遺產，包括名家字畫，以及在拍賣市場很有行情的與各界重要人物往來書信。到了二〇一三年，李煥過世兩年多之後，有新聞報導提到，他膝下的四名子女為了遺產分配問題傳出不和，並要求清點遺產。

父母親過世後，做子女的多半都會認為，他們有權繼承父母親的遺產，因此若沒有分配到或分配不公平，兄弟姊妹之間就會為了爭產而鬧翻。

雖然父母要把遺產分給誰，屬於個人自由，但法律上還是有設定子女的「特留分」，讓每位子女都可以分到遺產。特留分的計算方式是「遺產總額÷2÷子女數」，以楊業的例子來看，他每個兒子能拿到的特留分就是一百五十萬元（2,100萬÷2÷7）。把七個兒子的特留分都扣除後，他可以自由處分餘下的金額，想要全部都給楊六郎也沒問題。

不過，如果做子女的對父母不孝，法律也會讓他們喪失繼承權。有個老太太膝下有好幾名子女，但其中三個對自己不孝，所以她在遺囑中寫明，他們不可以繼承她的遺產。老太太過世後，這三名子女想要翻案，都提出了辯白，但法官調查後發現，他們確實有對母親不孝的行為，最後仍依法判決他們不得繼承。

Q02 離婚後，如何避免分擔對方債務？

「楊過的好友殷野王剛結束一段不愉快的婚姻，以為人生終於可以重見光明了。沒想到才辦好離婚手續不久，就有流氓到他家門口潑油漆、叫囂，經過調查後發現，原來他的前妻在外面打著他的名號，到處借錢買名牌包和珠寶之後，就躲得不見人影。債主們找不到他的前妻，都跑到殷野王的住家來討債。楊過非常同情，想為他想想解套的方法，卻又愛莫能助。」

在我國法律，夫妻財產分配有三種制度：法定財產制、共同財產制和分別財產制，**如果夫妻結婚後沒有特別約定採用哪一種制度，就一律適用「法定財產制」**。由於台灣的夫妻多半不知道有其他財產制可以選擇，所以截至目前為止，採用法定財產制的比例是最多的。

三種財產制度最大的不同點在於，法定財產制有區分婚前與婚後財產。雖然不論婚前或婚後，除了夫妻共同財產之外，其他財產都是夫妻各自打理，但離婚後，法院會裁定將夫妻所有的「婚後」財產，在支付完共同債務後進行平分。

有位網友在法律諮詢網上求助。他的姊夫遊手好閒不養家，又到處拈花惹草且欠了一屁股卡債，還在他姊姊不知情的狀況下，用其名義四處借錢，害他姊姊只能默默幫姊夫收拾爛攤子。這位網友想知道，如果姊姊離婚，是否就不用繼續幫他還債。

在這個案例中，因為求助者的姊姊沒有去法院聲請，改成其他夫妻財產制，所以適用法定財產制。然而，根據民法第一〇二三條的規定，在債務負擔卻是屬於

▲圖55：夫妻若沒有約定採取哪種財產制，一律適用法定財產制。

「個人造業、個人擔」，因此他姊夫的卡債、背著姊姊偷偷去借的錢，都屬於他姊夫個人的負債，姊姊沒有背債的責任。

但如果兩人離婚，姊夫的婚後財產被債務扣光後，姊姊還有財產，那麼依照「剩餘財產分配請求權」，姊姊必須與姊夫平分。姊夫拿到平分後的錢，要不要去還債，就不得而知了。不過，求助者的姊姊在還沒離婚前幫姊夫還的債，則可以經由法院向「前」姊夫要求，將錢討回來。

夫妻債務歸屬相關法條

民法第 1023 條：夫妻各自對其債務負清償之責。

夫妻之一方以自己財產清償他方之債務時，雖於婚姻關係存續中，亦得請求償還。

Q03 信用卡債或房屋貸款，付不出來怎麼辦？

「楊過的鄰居郭襄隻身來台北闖天下，一開始過得相當順遂，讓她得以存錢買房。但今年年初，公司無預警倒閉，讓她頓失收入，領完六個月的失業給付後，還沒找到工作，於是沒錢付信用卡費和房貸，被幾個銀行催帳。

近日，郭襄不僅接到口氣兇狠的討債電話，還收到「擬讓與債權通知書」及「房屋查封通知書」，她很緊張，深怕會失去自己買來的房子。」

有不少網友因無力償還卡債或貸款，結果被銀行通知：如果不處理就會被強制扣薪，而嚇得不知所措，到網路求助該怎麼辦？

也有人投書到報社諮詢，說自己的哥哥欠了很多卡債還不完，某大家裡收到銀行法務寄來的催告函，說如果不還清債款，管轄的法院就會查封家裡的所有不動產，包括電視機、冷氣機、家具等。身為家人的他，一方面很擔心家裡會被搬空，需要重新購買家電和家具，另一方面很懷疑，銀行真的有權利搬走家中物品嗎？

銀行追債的伎倆很多，但大部分都不具有法律效力，像是郭襄收到的「擬讓與債權通知書」，就是銀行故意要讓債務人知道，以後債主將會是黑道或討債公司，讓債務人心生害怕，擔心日後會被暴力討債，而自動還錢。但在民法的規定裡，債權換人必須正式通知債務人，這種通知書並無效力。

至於查封財產，並非銀行說了算，必須是由法院發出的「扣押命令」或「強制執行令」才有效力，而且不是鍋碗瓢盆所有家當都會被查封，像電視、電腦、冰箱這些生活必需品，就不能做為封查對象。

有心想要還錢，但實在沒錢可還時，可以主動向銀行提出還款計畫，如果銀行不接受、協

▲圖56：有心還錢但沒有錢還，可向法院聲請更生或清算。

商失敗，只要債務在一千兩百萬元以下，就可以向法院聲請更生。只要法院通過方案內容，並且在期限內按時還款完畢，所有的債務就算是全部償還。

但是，如果債務在一千兩百萬元以上，則無法聲請更生，只能清算。也就是說，所有的財產都要拿來還債，只有未來工作的薪水可以自由使用，且不能從事任何跟誠信公正有關的工作，例如：會計師、建築師、稽核人員等等，也不能買賣股票。

此外，生活開銷也會受到限制，像是搭計程車、買名牌包、出國旅遊等「奢侈」行為都不能做。

更生方案相關法條

消費者債務清理條例修正第 53 條：債務人應於補報債權期間屆滿後 10 日內提出更生方案於法院。更生方案應記載下列事項：

一、清償之金額。
二、3 個月給付一次以上之分期清償方法。
三、最終清償期，自認可更生方案裁定確定之翌日起不得逾 6 年。但有特別情事者，得延長為 8 年。

圖 57

提出更生方案，填表要注意7個項目

有心想要還錢，但實在沒錢可還，且與銀行協商遭拒時，只要債務在一千兩百萬元以下，就可以向法院聲請更生。

各地法院都有更生方案的表格，可以直接上網下載。

詳實列出自己的總收入及總支出，剩餘的錢就要盡最大努力用來還債。

臺灣高雄地方法院債務清理事件更生方案

債務人：　　　　（案號：　　年度司執消債　　字第　　號，股別：　　）

依財產及收入狀況報告記載	金額	備註
聲請前二年總收入		
聲請前二年必要支出		平均支出：　　／月
聲請前二年間可處分所得扣除自己及依法應受其扶養者所必要生活費用之數額		清算保障原則（消費者債務清理條例第64條第2項第4款）
有擔保及有優先權債權總額		元（不依更生程序行使權利者）

清償金額	債權人名稱	債權金額	債權比	有無定自用住宅借款特別條款
	1			
	2			
	加總			

無擔保及無優先權債權總額

清	債權人名稱	債權金額	債權比例	每期清償額	6年8年清償額
	1				
	2				
	3				

只要無擔保及無優先權債權的總額在1,200萬元以下，就可以聲請更生。

不只是欠銀行的錢可以更生，只要有可以證明債權的文件，就連跟親友借的錢也可以更生。

分期償還的錢，最長必須3個月就償還一次。

	債權人名稱	債權金額	債權比例	每期清償額	6年8年清償額
清償金額	1				
	2				
	3				
	4				
	5				
	6				
	7				
	8				
	9				
	10				
	12				
	13				
	14				
	15				
	加　總				
	清償成數				

償還方式	清償方法（三個月給付一次以上之分期清償及其金額）	
	最終清償期（自認可更生方案裁定確定之日起不得逾六年）	
	是否提供保證人或擔保物（如有，應具體確實填載姓名、地址、電話；擔保物名稱、現（殘）值證明及相關文件；擔保方法及範圍）	
	有特別情事須延長清償期之理由（有特別情事者得延長為八年）	
	清償給付方（式各債權人於接獲更生方案後，陳報匯款帳戶、帳號）	（ ）依債權比例，於每月　日分別電匯給各債權人。 （ ）依債權比例，於　年　月、　月、　月、　月、　月、　月之　日分別電匯給各債權人。

清償成數沒有限制，只要法院能看出還錢誠意，就有機會核准，所以不要輕易放棄更生機會。

若無特殊狀況，最長必須在6年內償還完畢，若是有房貸，或其他有優先償還權的債務，就可以視情況延長到8年。

Q04 寫了借據卻沒有約定利息，事後該怎麼計算？

「楊過的青梅竹馬郭芙工作不到兩年，想要出國唸碩士，但存款根本不夠，於是開口向楊過借錢。楊過看在兩人從小一起長大的份上，爽快答應借錢給她，雙方還簽了借據。

但沒想到小龍女知道此事後，竟打翻了醋缸，又發現楊過只讓郭芙寫借據沒算利息，更是大發雷霆。為了不要搞到婚姻破裂，楊過想要補算利息，卻不知該怎麼算才對。」

▲圖58：借錢時雙方可自訂利息，但不能超過年息16%。

關於利息的計算，王麗能律師在其著作《看故事輕鬆學法律》中提到，假如雙方在借貸時有約定借款利息，原則上就會尊重當事人的意見。但如果雙方沒有事先約定，事後想要再追溯，除非有符合法律特別規定（註），否則依法是不行的。

另外，雖然在借錢時雙方可以自訂利息，但不可以無限上綱。為了保護經濟弱勢的一方，法律早已經規範借貸利率的上限。**當利率超過年息十六％時，債務人可以拒絕支付「超過部分的利息」，而且超過的部分如果已經付了，還是可以依照民法不當得利，向債權人要回來。**但如果約定利率為十五％，因為不超過法定利息上限，就要依約定支付十五％的利息。

此外，如果債權人是因為對方有急用、走投無路，或是搞不清楚利息計算的規則，故意放高利貸，收取跟本金不成比例的利息，就會觸犯刑法第三四四條的「重利罪」。

利息規定相關法條

民法第 205 條：一般借錢利息計算有法定上限，最高只能收到年息 16%。若超過 16%，債權人對超過部分的利息不只沒有權利請求，還會直接算是無效約定。

曾有新聞報導，有個經濟狀況不佳又積欠健保費的人，因為急症需要看醫生，就跟一位大學生借了兩萬元，但這個大學生要求月息四十分，換算成為年息相當於四八%（月息四十分等於一個月利息四%，換算成年息等於月息四%×十二個月＝四八%），遠超過法律規定的利息上限。最後，這名債務人還不起欠款及利息而報警，結果大學生不只是有放高利貸的刑責，更因為乘人之危而觸犯重利罪。

（註）法律特別規定，未約定可以請求利息的情形，例如：一般民事債務遲延時（已逾期的借款或買賣價金），或是本票、支票等票據法上的票據到期時，就算當初沒有約定利息，也可以依照法律的特別規定，請求依「法定利率」計算的利息，也就是所謂的「遲延利息」。一般民事遲延利息為年利率5%（自到期日起算）。

重利罪相關法條

刑法第 344 條：乘他人急迫、輕率、無經驗或難以求助之處境，貸以金錢或其他物品，而取得與原本顯不相當之重利者，處 3 年以下有期徒刑、拘役或科或併科 30 萬元以下罰金。前項重利，包括手續費、保管費、違約金及其他與借貸相關之費用。

Q05 合夥開店不賺錢，賠錢該由誰負責？

郭芙的存款既然不夠出國唸書，於是拿出七十萬元跟楊過合夥，一起開了一家小酒吧，並且講好郭芙只負責出錢，餐廳大小事都由楊過打理。

又要上班，又要打理店裡大大小小的事務，每天累得半死生意又不好，因此楊過決定要歇業。經清算後發現，這家酒吧負債十五萬元。楊過認為郭芙是合夥人，應該要共同分攤債務，但郭芙認為，餐廳是楊過經營不善才會虧損，憑什麼要她來分擔。

合夥分為「一般合夥」與「隱名合夥」，依據我國民法規定，前者在財產不足以清償出現負債時，合夥人必須負起連帶清償責任；後者則在其「出資的限度內」，負分擔損失的責任。所以，楊過和郭芙在爭執誰該負責負債時，得先回歸雙方在合夥契約上的訂定內容，是一般合夥還是隱名合夥。

● 一般合夥

如果當初登記的是楊過與郭芙合夥開店，兩人屬於「一般合夥」關係，這時楊過有權要求郭芙一起分擔所有的虧損。若登記為郭芙獨資，但兩人彼此認定是互相出資來「經營共同事業」，即使只有楊過負責經營，且出名做商業登記，兩人仍然是一般合夥關係，所以楊過有權要求郭芙負擔虧損金額。

● 隱名合夥

如果約定是由楊過主導，郭芙只是在開始營業賺錢後分得利潤，兩人屬於「隱名合夥」關係，那麼郭芙必須分擔的損失金額，就只在她的出資額之內。如今小酒吧只剩虧損，代表郭芙投入的七十萬元已經全數賠光，遺留下來的十五萬元負債必須由楊過一個人承擔。

隱名合夥人損失責任相關法條

民法第 703 條：隱名合夥人，僅於其出資之限度內，負分擔損失之責任。

Q06 借錢的人欠錢不還，怎麼把錢要回來？

「小龍女，我爸最近身體不好，需要一筆錢做手術，能不能請你幫幫忙，先借我二十萬元，等我領到薪水就分期把錢還給你。」小龍女的國小同學李莫愁哽咽地說。

小龍女想到小時候經常受到李爸爸的照顧，如今老人家生病，幫忙籌醫藥費也是應該的，便一口答應。「真是太感謝妳！我爸住院開刀的費用終於有著落了。我保證一有錢就馬上還你。你看我連借據都寫好了。」

▲圖59：金錢往來的最大原則，就是要寫借據。

李莫愁破涕為笑地說著。

事隔數月，小龍女參加國小同學會，在活動現場沒看到李莫愁。閒聊當中才知道，原來李莫愁不只向小龍女一個人借錢，也向班上其他同學借錢，從幾萬元到幾十萬元都有。

同學們一開始聽到，她是為了籌措父親的醫藥費，本來都很挺她，但後來有人從臉書上發現，她的父親根本沒有住院，而且她到處炫耀身上新買的名牌，大家才驚覺上當了，都想把錢要回來。

金錢往來的最大原則，就是一定要寫「借據」。還好小龍女借錢給李莫愁時有簽借據，而且借錢金額、日期、約定還錢的日期、利息，以及借款人的簽名、身分證字號、住址及電話，全部都得寫得清清楚楚，這樣借貸關係就成立了。

有了借據做為憑證，即使李莫愁賴帳不還，借錢給她的人有明確的證據，就可以透過公權力來討債。假如雙方沒有簽借據，債主只要能舉證，例如：匯款的單據、借錢的對話紀錄等等，證明確實有借錢給對方，借貸關係也成立。

至於索討欠款的方法，可以依下列步驟處理。第一步，債權人先寄「存證信函」給債務人，存證信函的內容必須包括借錢日期、金額多少，並寫明「因為債務人欠錢多年，對多次請求還款都置之不理，或是故意找藉口拖延不還，所以限期○○日之內要出面解決，否則訴請究辦。」

如果對方收了存證信函還不出面解決債務，下一步就是到鄉鎮市公所的調解委員會，或向法院提出調解的聲請。只要進入調解的程序，雙方就有機會面對面溝通。如果要將調解時的對話全程錄音，必須取得當事人雙方的同意，以及主事者（調解委員或法官）的同意。

如果調解不成，接著就是上法院。若欠款額度在十萬元以下，就走小額訴訟途徑，到法院訴訟輔導科購買小額訴訟狀紙；十到五十萬之間可走簡易訴訟，自行購買一般制式狀紙後，請法院的服務人員代為指導，不一定要花錢請律師。

台灣聯合法律事務所律師劉孟錦提醒，金錢借貸的糾紛最令人害怕的，就是官司打贏了，但對方名下沒有任何財產，所以債權人最好先對債務人名下的財產進行「假扣押」，才能在判決還債之前，避免借款人「惡意脫產」。否則等對方的財產處分完畢，要回欠債的希望就不大了。

圖60

借據必須載明這些資訊，才是明確的證據

有了借據做為憑證，即使借款人賴帳不還，借錢給他的人可以透過公權力來討債。

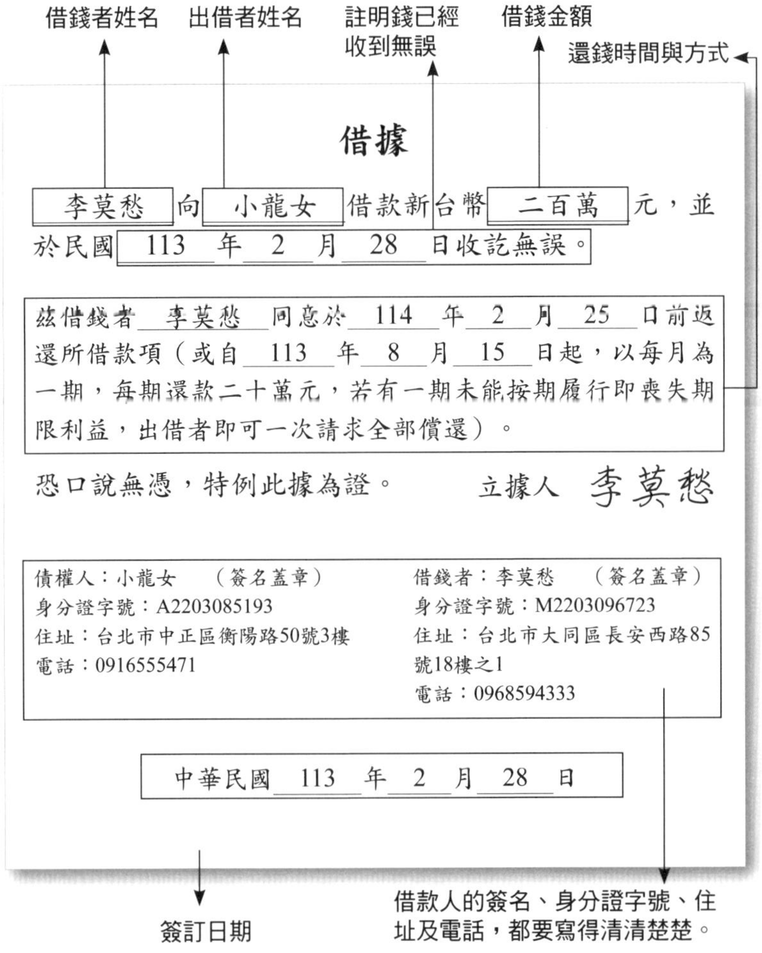

借據

李莫愁 向 小龍女 借款新台幣 二百萬 元，並於民國 113 年 2 月 28 日收訖無誤。

茲借錢者 李莫愁 同意於 114 年 2 月 25 日前返還所借款項（或自 113 年 8 月 15 日起，以每月為一期，每期還款二十萬元，若有一期未能按期履行即喪失期限利益，出借者即可一次請求全部償還）。

恐口說無憑，特例此據為證。 立據人 李莫愁

債權人：小龍女 （簽名蓋章）
身分證字號：A2203085193
住址：台北市中正區衡陽路50號3樓
電話：0916555471

借錢者：李莫愁 （簽名蓋章）
身分證字號：M2203096723
住址：台北市大同區長安西路85號18樓之1
電話：0968594333

中華民國 113 年 2 月 28 日

借錢者姓名
出借者姓名
註明錢已經收到無誤
借錢金額
還錢時間與方式
簽訂日期
借款人的簽名、身分證字號、住址及電話，都要寫得清清楚楚。

Q07 為朋友作保，真的要替他還錢嗎？

小龍女的好姊妹周芷若想開服飾店，打算向銀行申請創業貸款，由於沒有擔保物可供抵押，再加上銀行信用不佳，所以銀行要求周芷若必須有連帶保證人，才可以貸到全額的創業資金。

周芷若知道小龍女從來沒有跟銀行貸款，且有固定工作，名下也有房子及汽車，信用一定很好，因此請小龍女當她的連帶保證人。為了取信小龍女，她信誓旦旦地說：「你放心，我不會落跑的，請妳出面當連帶保證人，只是讓銀行放心借我錢，我絕對不會讓你背債！」

沒想到幾年後，因為景氣大不如前，周芷若的服飾店業績出現斷崖式的滑落，導致創業貸款和房租都繳不出來。由於連續幾個月都繳不出房和，被房東下逐客令，周芷若連夜搬空店內所有物品，躲得無影無蹤。

銀行找不到周芷若還錢，就找上連帶保證人小龍女，要她負責償還周芷若留下來的兩百多萬元創業貸款。「因為你是她的『連帶保證人』，所以按規定你必須幫她償還尚未繳清的貸款，否則銀行有權查封你名下的財產。」讓小龍女後悔莫及。

銀行公會法規委員會指出，保證人（俗稱保人）就是幫借款人「保證」該筆借款一定會償還，如果借款人不還錢，責任就會落到保證人頭上。在法律上，保證人有兩種：「連帶保證人」和「一般保證人」。**對債主來說，連帶保證人等於是借錢的人，只要借款人沒按時還錢，銀行就可以跳過借款人，直接要求連帶保證人還錢**，甚至可行使「加速條款」，要求連帶保證人一次清償所有借款。

而一般保證人則像是備案，當銀行經過催繳或強制執行等步驟後，錢還是要不回來，才會轉而要求一般保證人還錢。由於小龍女為周芷若作保的是連帶保證人，因此銀行一發現周芷若無法正常還款，就可以直接向小龍女討債，這些都是合法的程序。

小龍女遭遇到這種狀況，有三種做法：其一、主動找銀行討論還款方式，展現還款誠意，一肩擔起周芷若所欠下的貸款，否則小龍女名下的財產就會被銀行查封，且留下信用不良的紀錄，未來如果她想要和銀行打交道就會很困難。

其二、如果小龍女真的沒有能力替周芷若還債，可以另外提供銀行有價值的擔保品（例如：不動產、有價證券）做為抵押，或找另一位經濟狀況較佳的保人，免除自己保證人的責任，但這種機會不大。

最後，如果小龍女名下無財產，也沒有錢可清償債務，也沒辦法提供擔保品或其他保證人，可以依據「消費者債務清理條例」的規定與銀行協商，或向法院聲請更生、清算。不論如何，她無辜背上一屁股債的命運是逃不了的。

▲圖61：只要當了連帶保證人，必定有還債責任。

別忽視「支付命令」，20日內可提出異議

有位大學教授收到詐騙集團寄來的存證信函，隨後又收到台中地方法院寄來的支付命令，但這位大學教授已經認定這一切都是詐騙行為，所以對於支付命令不予理會，等到最後反被對方進行強制執行扣薪時，才想要提出再審。不過，再審的時間與訴訟成本很高，律師算可能會超過被詐騙的金額，教授只好認賠出場，將五萬多元匯給對方。

「支付命令」是民法幫助債權人向債務人討債的法律手段之一。**只要債權人向法院聲請核發「支付命令」後，債務人沒在二十日內提出異議，等於確定判決——債權人贏、債務人輸了應還債。**

其實就法律來看，這名教授只要做一個動作，就能避免這個損失。他在收到支付命令二十日內，向法院提出異議，就可以在無須支付任何費用的情況下，讓此項支付命令無法確認，也就暫時無法執行。但一般人不知道這條法律，一看到是存證信函或法院來的文件，不是像上述教授那樣置之不理，就是情急之下趕快支付費用，無論怎麼做，結果都會是一筆損失。

圖 62

在保證人欄位簽名，就是為人作保

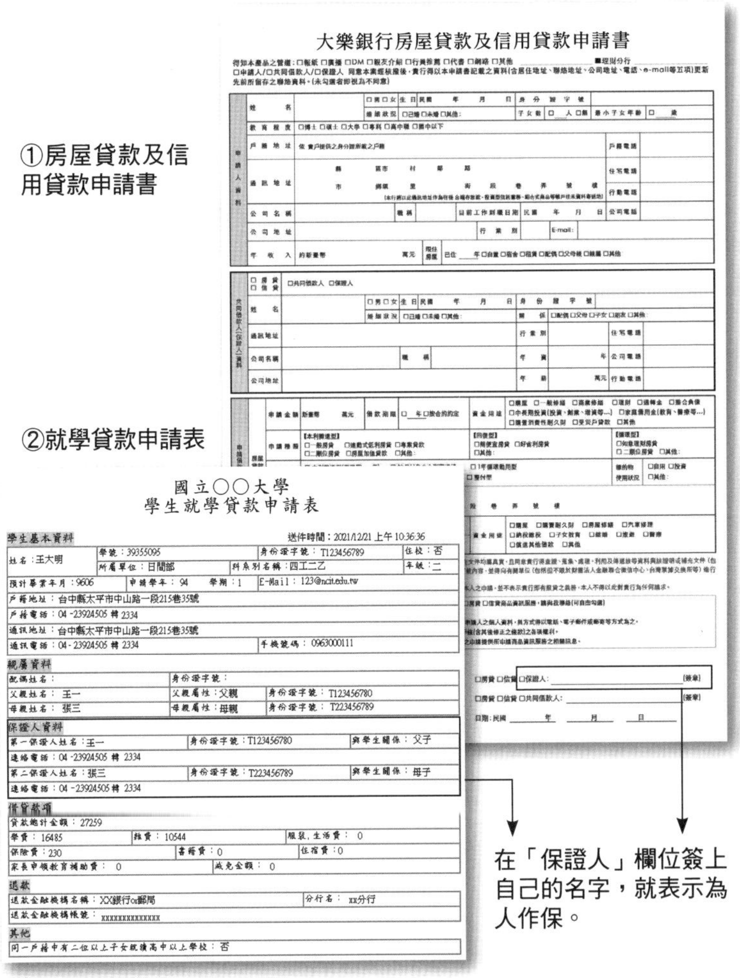

國立〇〇大學
學生就學貸款申請表

學生基本資料　　送件時間：2021/12/21 上午 10:36:36

姓名：王大明	學號：39355095	身份證字號：T123456789	住校：否	
	所屬單位：日間部	科系別名稱：四工二乙	年級：二	
預計畢業年月：9606	申請學年：94	學期：1	E-Mail：123@ncit.edu.tw	
戶籍地址：台中縣太平市中山路一段215巷35號				
戶籍電話：04 -23924505 轉 2334				
通訊地址：台中縣太平市中山路一段215巷35號				
通訊電話：04 - 23924505 轉 2334			手機號碼：0963000111	

親屬資料

配偶姓名：	身份證字號：	
父親姓名：王一	父親屬性：父親	身份證字號：T123456780
母親姓名：張三	母親屬性：母親	身份證字號：T223456789

保證人資料

第一保證人姓名：王一	身份證字號：T123456780	與學生關係：父子
連絡電話：04 -23924505 轉 2334		
第二保證人姓名：張三	身份證字號：T223456789	與學生關係：母子
連絡電話：04 -23924505 轉 2334		

借貸款項

貸款總計金額：27259		
學費：16485	雜費：10544	服裝，生活費：0
保險費：230	書籍費：0	住宿費：0
家長申領教育補助費：0	減免金額：0	

這款

這款金融機構名稱：XX銀行or郵局	分行名：xx分行
這款金融機構帳號：xxxxxxxxxxxxxx	

其他

同一戶籍中有二位以上子女就讀高中以上學校：否

重點整理

- 雖然父母要把遺產分給誰屬於個人自由，但法律上還是有設定子女的「特留份」，讓每位子女都能分到遺產。儘管如此，如果子女對父母不孝，法律也會讓不孝子女喪失繼承權。
- 查封財產不是銀行說了算，必須是由法院發出的「扣押命令」或「強制執行令」才有效力。
- 合夥分為「一般合夥」與「隱名合夥」，前者在財產不足以清償出現負債時，合夥人都必須負起連帶清償責任；後者則在其「出資的限度內」，負分擔損失的責任。
- 對債主來說，連帶保證人等於是借錢的人，只要借款人沒按時還錢，銀行就可以跳過借款人，直接要求連帶保證人還錢。

法律筆記

NOTE

第7章

交通車禍篇——被撞切勿慌掉，得學會保護自身權益

Q01 發生車禍，警察說是我的錯，該直接賠償嗎？

「碰！」的一聲，剛因為紅燈停車的楊過，突然車尾被後車大力衝撞，原來是後方的汽車煞車不及，把楊過車子的後保險桿給撞爛了。沒想到，警察抵達現場後，馬上說意外是楊過緊急煞車所造成的，直接要他與對方和解。這種想「吃案」的態度，讓楊過氣炸了！

常見的交通事故吃案招數，就是警察在處理車禍現場時，會對雙方好言相勸，說這只是小事，沒必要打官司浪費時間，直接在現場和解比較好，還會特別提醒：「如果你想提告，六個月內都有效。」，但這麼一拖，大部分的人都會想「算了」，警方的緩兵之計就成功了。

不可否認，有些警察會抱持「多一事不如少一事」的態度，處理交通事故。畢竟，如果可以勸雙方和解，從各方面來說，都比報案打官司省事。但重點是，**警察在事故現場僅能記錄，並無決斷事件對錯的權力**，如果警察到場後說出「誰對誰錯」，要求雙方和解，並不符合警察的職權。

▲圖63：遇到車禍別為了省事，被說服現場和解。

Q02 車禍被撞，一定要報警才能拿到賠償嗎？

「小龍女在開車上班途中，與一台突然從巷子裡衝出來的摩托車輕微擦撞，下車查看時，對方說自己沒有什麼大礙，且正在趕時間，就拍拍屁股騎上機車離開了。小龍女原以為事情已經告一段落，不料幾天後竟收到法院的通知，表示對方告她「肇事逃逸」。

原來對方記下小龍女的車牌號碼，持驗傷單報警並告上法院，要求賠償三十萬元。莫名其妙被冤枉的小龍女，提不出任何證據證明自己沒有肇事逃逸，加上為了息事寧人、省麻煩，只好以十萬元與對方私下和解。」

像小龍女這樣的情形，許多駕駛人都會認為是沒有大礙的小事故，而不以為意，但正確的處理方式是，不管車禍狀況輕微或嚴重，都要下車處理，並且要詳細查看雙方車輛受損和人員傷亡狀況，還要互留車號、車型、姓名及聯絡方式。

如果已經報警處理，在警方尚未到達前，千萬不要隨便離開現場，以免事後被對方控訴為肇事逃逸，被加重法律責任。

若對方堅持沒事要先行離開，請在對方離開前，向他要手機號碼，並馬上用自己的手機撥打電話至對方手機，這

發生車禍正確處置相關法條

道路交通事故處理辦法第 3 條：發生道路交通事故，駕駛人或肇事人應先為下列處置：

一、事故地點在車道或路肩者，應在適當距離處豎立車輛故障標誌或其他明顯警告設施，事故現場排除後應即撤除。

二、有受傷者，應迅予救護，並儘速通知消防機關。

三、發生火災者，應迅予撲救，防止災情擴大，並儘速通知消防機關。

四、不得任意移動肇事車輛及現場痕跡證據。但無人傷亡且車輛尚能行駛，或有人受傷且當事人均同意移置車輛時，應先標繪車輛位置及現場痕跡證據後，將車輛移置不妨礙交通之處所。

五、通知警察機關。但無人受傷或死亡且當事人當場自行和解者，不在此限。

不僅可以確認對方手機號碼真偽，而且只要有了這個通聯紀錄，就不算是肇事逃逸，是避免惹上麻煩的小撇步！

當我們遇到交通事故，最重要的原則就是「報警」和「保留現場完整」。許多車禍發生後會產生糾紛，往往都源於肇事者用「如果報警，我的保險費會變貴，不用報警沒關係，放心我一定會賠你錢……」、「這是公司車，如果報警，我會被公司開除，拜託不要報警……」等各種理由，說服受害方不要報警。

然而一旦雙方離開現場，原本說好的賠償承諾幾乎都不會兌現，即使受害者再報警或提告，因為現場和相關證據幾乎都已經消滅，最後求償無門。所以，不論是何種原因，車禍發生時絕對要報警，為事件取得人證和物證。

▲圖64：出車禍時絕對要報警，取得人證和物證。

圖 65

輕微車禍處理的3大重點，避免肇事逃逸

許多駕駛人會對小事故不以為意，但輕忽的結果，可能會被誣告為肇事逃逸，而加重法律責任。因此，千萬不要不當一回事。處理時一定要謹記以下重點：

重點 1　報警處理和留下目擊者聯絡方式

不管是否要和解或提告，首要動作就是報警，而且最好能找到目擊事件的第三者，留下聯絡方式以備日後做證。

重點 2　現場簽和解書

若對方堅持不用處理，最好當場和他立刻簽和解書。

重點 3　記錄車號到警局備案

若對方嫌麻煩或趕時間要先離開，切記要記下對方的車牌號碼到警局備案，日後產生糾紛時，才能證明自己沒有肇事逃逸。

圖 66

較大車禍處理的4個步驟，避免後患無窮

發生較大車禍，為避免糾紛不斷，正確的處理方式如下：

步驟 1 報警處理

警察到場處理後，會照相、繪製現場圖，並請雙方留下聯絡方式。然後，到警局製作筆錄，如果有傷者需要住院治療，警方會在必要時到醫院製作筆錄。

步驟 2 申請肇責分析表

事件發生後一個月內，可至警察局交通隊申請「事故初步分析研判表」（申請不須費用），初判表雖是車禍事件的初步判定，但能簡單判定車禍的原因和責任比例，讓車主當成和解賠償的參考。

步驟 3 申請鑑定

若雙方有人不服「事故初步分析研判表」的判定，可以進一步向當地事故鑑定委員會申請鑑定，鑑定結果就是法院的判決依據，申請鑑定須花3,000元的費用。

步驟 4 自行和解或提告

警方只能將車禍事故做過失責任之釐清，民事賠償的部分就必須由當事人自行協調，因為對於民事糾紛，警方是不能介入的。如果雙方無法達成和解之共識，只有自行向法院提告，由法官去審理裁決。

Q03 出了車禍怕影響交通，可以隨意移車嗎？

楊過在開車回家的路上，突然遭到一輛右轉車輛擦撞，對方駕駛下車後看了看，態度誠懇地說：「我會負責，但我們別影響交通，先把車移到旁邊。」楊過為了不讓尖峰時段的交通打結，就把車子移到路邊，然後報警處理。

沒想到，等警察到場後，對方的態度竟一百八十度大轉變，指稱是因為楊過闖紅燈才釀禍。楊過雖然氣炸了，但現場的證據已經不在，警察也沒辦法處理，只好通通帶到警察局喝茶……。

許多規矩開車的駕駛最容易遇到這種情形。有些肇事者自知闖禍，為了逃避責任，就會想辦法在警察到場前破壞現場，提高警方判斷的難度。

車禍發生後，是否要將車子移到路邊有幾項原則，其中最重要的就是「是否有人受傷」？如果車禍中有人受傷，不管如何都不能移動現場車輛。

如果只是車輛受損而人沒事，且車禍的位置會嚴重影響交通，那就要在位置標記完後，將車子移到路邊，否則可是會吃罰單。

當然，**如果車禍的位置不會影響交通，那不管有沒有人受傷，最好都不要移動現場，才能讓警方準確判斷肇事責任**。為了自保，在車上安裝行車紀錄器也是獲得證據的好方法。

交通事故相關法條

道路交通事故處理辦法第 3 條第 1 項第 4、第 5 款：道路交通事故無人受傷或死亡，且事故車輛尚能行駛者，應先標繪車輛位置、現場痕跡證據後，儘速將車輛移置路邊，並報告警察機關。但無人受傷或死亡且當事人當場自行和解者，得不報告警察機關，並配合必要之調查。

道路交通事故處理辦法第 3 條第 2 項：車輛位置及現場痕跡證據之標繪，於無人傷亡且車輛尚能行駛之事故，得採用攝影或錄影等設備記錄。

圖 67

移車前先採證，日後賠償才有保障

出了車禍報警處理後，在警察抵達現場之前，不要忘記做以下的自保動作。

Step1：擺放警示裝置

開啟閃黃燈，並在車禍位置後方100公尺處放置三角反光板。

Step2：拍照

現場拍照，要包含地理環境、雙方汽車的撞擊點和煞車痕跡。

Step3：做記號

在汽車、機車或行人的位置用粉筆或噴漆做記號，汽車要畫在4個角或車輪旁，然後將車子移到路邊。

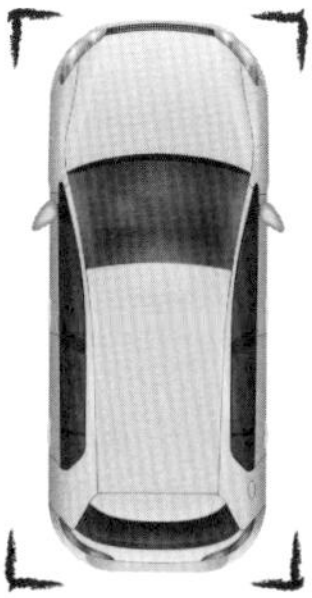

Q04 好像遇到假車禍，怎麼辦？

楊過有一次開車到台中出差，在一個路口等紅燈時，一輛雙載機車停在他汽車右側後照鏡旁。當綠燈起步後，機車立刻衝近楊過的車子，然後後座男子用力拍打他副駕駛座的車窗，大叫車輪壓到他的腳趾。

楊過停車察看時，看不出對方腳趾哪裡受傷，但表示願意叫救護車並陪同就醫。但對方不同意，前座的人拿出手機說要「烙人」來助陣！楊過眼看對方一副凶神惡煞的模樣，心想乾脆花錢消災，便掏出兩千元和解，對方拿了錢就揚長而去。

假車禍真詐財的事件層出不窮，且手法不斷翻新，警方呼籲民眾，若懷疑對

方製造假車禍，不要急著花錢跟對方和解，應該立刻報警處理，然後待在車裡等警察到場，再下車處理。

在等待警察到來的這段時間，記得保持現場完整。此時，如果對方真的心懷不軌，應該會用盡各種方法，例如：恐嚇，甚至施以暴力，要你下車處理。這時，不管對方有什麼行為，都不要開門下車，同時要以手機拍照、錄音或錄影，將現場狀況、對方行為和車號記錄下來。

而且要切記，千萬不要開車離開現場，否則可能會有肇事逃逸的責任。

詐欺罪相關法條

刑法第 284 條：因過失傷害人者，處 1 年以下有期徒刑、拘役或 10 萬元以下罰金；致重傷者，處 3 年以下有期徒刑、拘役或 30 萬元以下罰金。

刑法第 339 條（普通詐欺罪）：意圖為自己或第三人不法之所有，以詐術使人將本人或第三人之物交付者，處 5 年以下有期徒刑、拘役或科或併科 50 萬元以下罰金。

Q05 因為禮讓救護車而違規，該怎麼申訴？

「楊過才剛在紅燈號誌前停下車，沒想到後頭就傳來救護車的鳴笛聲，楊過看到救護車已經在自己車後，只好往前開過路口，沒想到卻被照相機拍到他闖紅燈的事實，因此收到一張紅單，他心裡非常嘔，卻不知如何申訴。」

消防局建議民眾，依照「道路安全交通規則」的規定，**在紅燈的路口遇到救護車要通過時，切記不能直接闖紅燈通過，而應該按下閃黃燈後，慢慢地向左邊或右邊靠，讓救護車有空間可通過就好。**

如果路口有闖紅燈照相機，自己因為要禮讓救護車而被拍到怎麼辦？技巧就是在向側邊禮讓時車速要「慢」，這樣相機有時就不會感應到而照相，但如果還是被照相了，就要記下時間、地點、救護車的車牌號碼和車身編號，然後到消防隊影印「勤務工作紀錄簿」，才能在收到罰單時做為證明，到交通裁決所申訴。

總之，絕對要避免直接闖紅燈穿越路口，否則就是標準的「闖紅燈」現行犯，申訴也可能不會通過。

禮讓救護車相關法條

道路交通安全規則第 129 條：慢車行駛或停止時，聞消防車、警備車、救護車、工程救險車、毒性化學物質災害事故應變車之警號，應立即靠道路右側避讓；於單行道應靠道路兩側避讓，並暫時停車於適當地點，供執行緊急任務車輛超越。

道路交通管理處罰條例第 45 條第 1 項第 11 款：聞消防車、救護車、警備車、工程救險車、毒性化學物質災害事故應變車之警號，在後跟隨急駛，或駛過在救火時放置於路上之消防水帶，處新臺幣 600 元以上，1,800 元以下罰鍰。

道路交通管理處罰條例第 45 條第 2、3 項：聞消防車、救護車、警備車、工程救險車、毒性化學物質災害事故應變車之警號，不立即避讓者，處汽車駕駛人新臺幣 3,600 元罰鍰，並吊銷駕駛執照。前項情形致人死傷者，處汽車駕駛人新臺幣 6,000 元以上 9 萬元以下罰鍰，並吊銷駕駛執照。

重點整理

- 警察在事故現場僅能「記錄」，並無決斷事件對錯的權力，如果警察到場後說出「誰對誰錯」，要求雙方和解，並不符合警察的職權。
- 當我們遇到交通事故，最重要的處理原則是「報警」和「保留現場完整」。
- 若車禍的位置不會影響交通，那不管有沒有人員受傷，最好都不要移動現場，才能讓警方準確判斷肇事責任。
- 如果懷疑對方製造假車禍，不要急著花錢跟對方和解，應該立刻報警，然後待在車裡等待警察到，再下車處理。

法律筆記

第8章

訴訟相關 Q&A，別讓律師唬弄你！

Q01 勝訴後，可以要求對方支付我的官司費用嗎？

一般人常有這樣的錯誤觀念：「如果我官司打贏了，就可以叫對方付官司費用，我一毛錢都不用出。」根據我國的法律，原則上是敗訴的一方要負擔全部的「訴訟費用」，但也有許多例外，例如：提告是否為必須的？是完全勝訴或是部分勝訴、部分敗訴？法官會依照雙方該負責的比例，來判決雙方該付的訴訟費。

「訴訟費」主要是指法院收取的裁判費和手續費等費用，不包含官司中最貴的「律師費」，律師費還是得由雙方自行負擔。除非法官認為必須請律師或有其他因素，那可能會特別判決訴訟費包含律師費。

所以，**打官司所花的錢是否由敗訴的人負擔或負擔多少，主要是看判決內容和法官決定，並不是敗訴的人要負責所有費用**，而且判決的賠償大多不夠支付律師費。不過，第三審強制律師代理的律師費，可以由敗訴一方負責。

Q02 被告但勝訴了，可以反告對方「誣告」嗎？

當我們莫名捲入官司時，如果最後檢察官不起訴或法官判決無罪，證明了我們的清白，常常會萌生這樣的想法：「你亂告我，現在法官證明我沒錯，我就要告你誣告」，希望透過反擊給對方一個教訓。

但在刑法中，必須證明對方提告的內容「完全出於憑空捏造或虛構要件」，誣告罪才足以成立，所以常見的行車糾紛、金錢往來或各種爭執，只要是實際發生的事件，都不可能構成誣告罪。因此，在實務上，誣告罪非常難告得成。

從另一方面來看，好不容易才結束一場曠日費時的官司，何必讓自己又捲入另一場訴訟糾紛呢？

Q03 不懂法條又沒錢請律師，就只能等死嗎？

雖然不懂法律絕對是弱勢，但只要上網稍微尋找一下，其實政府和民間的相關單位都設有許多免費的法律扶助機制，例如：法務部和各級縣市政府，都設有免費的法扶資源供民眾利用，會有律師提供專業的法律建議。

其中最知名的，就是由司法部設立的「法律扶助基金會」，專門協助弱勢民眾面對法律問題。許多設有法律相關系所的大學，多半也有提供免費法扶的活動或社團，以學生的熱心搭配系所老師的專業，對求助者的幫助可能不比專業律師差。

規模較大的律師事務所，也都設有免費的律師諮詢服務，以及法律相關網站，供民眾使用。

▲圖68：有許多免費法律資源，民眾可多加利用。

Q04 被判緩刑會留下前科嗎？

我們常聽到「留下前科以後找工作會很麻煩」這類說法，但其實「前科」二字並沒有法律定義，比較符合大眾常講的，是「警察刑事紀錄證明」，俗稱良民證。

如果因刑案被判刑，且是有期徒刑以上的判決，就會記錄在「警察刑事紀錄證明」裡面，留下「前科」。但被判決拘役、罰金、免除其刑等，雖然會留下相關紀錄，但不會留下前科。

所以，**除非因刑事案件被處有期徒刑以上的判決，且不得緩刑，否則基本上不會留下前科紀錄。**

良民證相關法條

警察刑事紀錄證明核發條例第 8 條規定：申請人有下列情形之一者，不予核發警察刑事紀錄證明：

一、受通緝尚未撤銷者。

二、判決確定之刑事案件尚未執行或執行中者。

圖69

透過臨櫃或網路，申請警察刑事紀錄證明

要申請警察刑事紀錄證明，可以透過以下兩種方式：

❶ 臨櫃申辦

步驟1 備妥應備物品

申請書、國民身分證正本或戶口名簿正本（持戶口名簿辦理者須另出示有相片之證件）。

步驟2 親自到警察局申辦

親至警察局外事科服務中心或鄰近各分局申辦。

步驟3 繳交證書費用

每份新臺幣100元，同一次申請2份以上者（證明書內容均應相同），自第2份起每份收費新臺幣20元。

步驟4 領取繳費收據

繳完證書費用，莫忘領取繳費收據

步驟5 領取證明書

憑繳費收據臨櫃領取證明書。若須郵寄服務，請自備掛號回郵信封。

❷ 網路申辦

步驟 1　上網填寫申請表

至內政部警政署警察刑事紀錄證明書網頁線上線上填寫申請表格（https://eli.npa.gov.tw/E7WebO/index01_1_1.jsp）

步驟 2　親至警察局驗證

於線上申請後第3日起30日內，攜帶應備物品至警察局外事科服務中心或鄰近各分局驗證

步驟 3　繳交證書費用

每份新臺幣100元，一次申請2份以上者(證明書內容均應相同)，自第2份起每份收費新臺幣20元。

步驟 4　領取繳費收據

繳完證書費用，莫忘領取繳費收據

步驟 5　領取證明書

憑繳費收據臨櫃領取證明書。若須郵寄服務，請自備掛號回郵信封。

重點整理

- 打官司所花的錢是否由敗訴的人負擔或負擔多少，主要是看判決內容和法官決定，並不是敗訴的人要負責所有訴訟費用。
- 在刑法中，必須因為對方提告的內容「完全出於憑空捏造或虛構要件」，才能構成誣告罪。
- 政府和民間的相關單位，設有許多免費的法律扶助機制，例如：法務部和各級縣市政府，都設有免費的法扶資源供民眾利用。
- 除非因刑事案件被處「有期徒刑」以上的判決，且不得緩刑，否則基本上不會留下前科紀錄。

結語
懂法律、講證據，誰都別想拗到你！

有一位在市場賣鵝肉的老闆，帶著收來的紙鈔和硬幣到某銀行存錢，但該銀行許姓行員因為錢幣沾了油污而拒收，鵝肉老闆一氣之下向該銀行投訴，事件還鬧上媒體，後來這家銀行付了一百五十五萬元將這位行員資遣。

這位許姓行員向法院提告，認為銀行資遣他不合理。銀行則回應，這位行員除了拒收顧客的錢，還私自訂定作業規定，例如：顧客要換新鈔，得先前一天通知，否則就算庫房有新鈔也不處理；如果要換硬幣只能上午來換等等，服務態度不好也長期沒有改善，所以才資遣他，而且公司已經用退休的標準給付資遣費。

但法院認為，這家銀行不能沒有其他懲戒就直接把行員資遣，這個動作不符合「解僱為最後手段」的原則，因此地方法院判決這家銀行敗訴。

除了和「工作權」有關的案例，與居家房事相關的法律糾紛也十分常見。例如：現在都會區的空間寸土寸金，為了讓室內空間變寬以及保持空氣新鮮，許多公寓的住戶常會將自家的鞋子放在門外的樓梯，或在樓梯間放置鞋櫃、自行車等雜物。其實，根據公寓大廈管理條例規定，因為樓梯或樓梯間等公共空間屬於逃生動線，住戶不能堆置任何雜物，否則最高會被處二十萬罰款。刑法甚至規定，阻礙公共場所的逃生動線最高可判三年以下徒刑；如果發生意外有人死亡，最高可判七年有期徒刑。

新北市一位萬姓女子到一幢沒電梯的公寓四樓找朋友，離開時，在三樓樓梯轉角踩到三樓陳姓婦人所放的高跟鞋，不慎摔下樓梯，除了造成全身瘀青，頸背處甚至出現挫傷，不僅疼痛萬分，行動也被受限。萬女一狀告上法院，控告陳婦一家過失傷害和公共危險等多項罪名。

雖然陳家放的鞋子沒有阻礙全部的樓梯轉角處空間，但因為害萬女跌倒受傷，最後陳婦除了被高等法院判決四十天拘役定讞，還被民事求償三十多萬元。

懂法律才有保庇，不懂就會出歹誌

本書編輯之一過去也曾碰到撰稿的合約糾紛：有一次接了一個急件外稿，因為發案方截稿時間緊迫，所以事前沒有簽合約，只在雙方往來的e-mail和Line裡簡單確認一下撰稿方向、內容與稿酬，就開始執行工作。但案子完成後，發案方卻三番兩次藉故拖延付款，並找各種藉口不回電話、e-mail和Line，被逼急了，甚至想要違約刪減這位編輯的撰稿費用。由於當事人沒有合約可以證明此案了的稿費金額，因此一直很苦惱。

於是，他向擔任檢察官的朋友求助。那位朋友問清楚狀況後，教他找出過去在與發案方聯繫過程中，那些提到費用金額、工作內容和項目，而對方回信確認後沒有提出異議的e-mail和Line，就可視為有效成立的合約。

最後，那位編輯以此上告法院，向發案方要求支付當初所議的工作費用，最後終於如願拿回應得的報酬。我們常聽到「法律是保護懂法律的人」，這句話一點都沒錯，若不是剛好有懂法律的朋友提出專業的建議，這位編輯很可能就拿不到或少拿許多辛苦撰稿的稿酬。

同樣地，我們在日常生活裡難免會遇到與法律有關的糾紛，像是借出去的錢要不回來、開車跟人擦撞或是網購的東西退不了貨等。而且發生問題後，每個人都會站在自己的立場來說話，當雙方各執一詞無法化解糾紛時，就只能仰賴公權力介入，甚至對簿公堂來評斷是非，這時候若對法律有一定程度的瞭解，就比較能維護自身的權益。

誰對誰錯扯不清，讓證據說話就沒錯

在發生糾紛的過程中，不論自己是對或錯，越瞭解法律一定對自身越有利：若我們剛好是理虧的一方，就能發現對方哪兒也犯了錯誤，有助降低自己要負責的賠償金額；若不幸是受害者，那麼就可以瞭解如何強化自己的優勢，全力爭取自身應得的賠償。

蘆竹鄉的鄉民代表王貴芬，因為父親住院，打電話到醫院想詢問他的病情，但接電話的護理師基於保護病患隱私，婉拒在電話內說明。心急的王貴芬竟然為此衝到醫院質問她，過程中又因一言不和賞了那位護理師兩巴掌。這位護理師不甘受辱，立刻進行驗傷並報警提告。王貴芬還惡人先告狀，開記者會訴苦，先說是護理師的態度跟口氣很差，又說她不是打人，只是說話時肢體動作比較大，不小心揮到護理師的臉，最後還祭出苦肉計，在媒體面前痛哭，且再三強調，她只是過於擔心醫院會虐待父親，情急之下，情緒才會失控，矢口否認動粗打人。直到院方提出各項證據，王貴芬才終於願意道歉、承認錯誤。

當遇到危害自身權益的事情，所有人都會站在自己的角度來解釋事情原委，而且不管對錯再怎麼明顯，犯錯的一方都會找各種藉口來幫自己脫罪，絕對要等到證據一一攤開，讓他百口莫辯為止，犯錯的人才會真心認錯。這個道理從每天在新聞上看到的交通事故就能證明。每個肇事者在行車紀錄器或路邊監視器錄到的影片等證據出現前，都可以把紅燈說成綠燈，明明撞了人反說成被人撞，就算證據攤在眼前都還能說出一套利己的藉口，反正就不會說是自己的錯。

在交通事故處理過程，犯錯的一方請有力人士來施壓的情況也十分常見。一般人碰到這種情形，想退縮、退讓是正常的反應，但如果謹記「保留證據」的原則，手上擁有越有力的證據，這些惡勢力就越找不到插手之處。

保留證據最重要——證人、影片、聲音、現場採證

網路上有一位準新娘在舉辦婚禮前，透過朋友認識一位攝影師。聊過天又看

了他的攝影作品，覺得十分不錯，就以「攝影＋錄影」包套共一萬七千元的價格，委託他當婚禮攝影師。雙方談定價格之後，攝影師說這是友情價，要求不要簽合約和開發票，避免破壞行情。雖然理由有點牽強，但礙於價格實在很划算，這位準新娘也就答應了。

但婚禮辦完後不斷三催四請，新娘才在大半年後，拿到拍得亂七八糟的婚禮照片和錄影檔案，讓她氣炸了，就上網分享她的經歷，並描述她看到這些照片和影片的心情：「我剛懷有身孕，在看到照片、影片的當下，氣到下體流血，緊急送醫才保住胎兒。」

雖然雙方沒有訂合約，但因為準新娘在事前、事後曾多次與對方以line對話溝通，若日後上法院，這些都可以當成相關證據來佐證。

因此，平日處事我們要有足夠的警覺心，一旦發現事情可能會產生糾紛時，保留證據就是最重要的手段，不論是人證、物證、書面或社群媒體的往來證據，都必須保存下來，每一項可能都是左右勝負的關鍵。以前面發生婚攝糾紛的準新娘為例，如果當時她氣得失去理智，將惡劣攝影師的Line帳號和對話紀錄都刪除，最後就只能自認倒楣，抱憾終身了。

證據治不了的惡人，讓法官來收拾

有位網友在網上分享自己朋友的實際案例：一位大學生在賣場打工，有一天在整理手推車的時候，不小心撞到一位婦人，當時這位婦人只說手推車撞到她，至於撞到哪裡，有沒有受傷都沒說清楚就離去。沒想到過了兩、三天，這位婦人拿了一份醫生診斷證明書，說肚子裡的胎兒沒了心跳，要這位大學生賠六百萬元，不然就要告他。

他的主管調出賣場監視器來看，發現並沒拍到當時的情況，醫師的診斷證明也只說胎兒心跳停止，並沒有確認停止的原因是由外力造成。這位大學生一想到如果被告上法院，自己可能會被判刑有前科，留下一生的污點，但六百萬元怎麼可能賠得起，於是慌張得不知該怎麼辦。

其實，我們不用因為害怕被告、怕上法院，面對糾紛時就慌張地想私下和解，而讓對方予取予求。現在會有許多專門賺取和解金的「訟棍」，就是看準一般大眾不懂法律或害怕被告的心理，故意使出「法院見！」的手段，來逼人家就範，許多詐騙手法也是因為這樣而得逞。

雖然說凡事以和為貴，但如果在糾紛衝突中，已經釋出最大善意努力協調，對方還是不願意接受，那麼就由法官進行裁定。也許對方自知上法院也討不到便宜，說不定還多一條「誣告罪」就打退堂鼓了。總之，懂點法律，就不會讓心懷不軌的人輕易得逞。

弄懂法律、掌握證據才能保護自己

日劇《王牌大律師》中，男主角古美門研介律師在一件訴訟案塵埃落定後，問同事是否害怕自己是放虎歸山？同事反問他：「難道你也認為被釋放的嫌疑人是有罪的嗎？」古美門這樣回答：「是不是都無所謂。不管他有沒有殺人都和我無關。檢察廳的證據不足，所以他被無罪釋放了，這就是『法』。」

古美門的一番話清楚點出現實社會的狀況，其中的關鍵在於，法律追求的目的確實是「伸張正義」，但法條制訂時可能不夠完備，或存在執行上的困難，讓我們明明是受委屈的一方，卻無力為自己爭取。這時，如果我們知道這些法律的不足而能設法補救，就能保護自己的權益。

法律筆記

國家圖書館出版品預行編目（CIP）資料

66張圖讀懂法律通識課：不花錢找律師，職場、租屋、消費……等50個疑難雜症都能自己搞定！／優渥客著.
--增訂一版. --新北市：大樂文化有限公司，2024.11
240面；14.8 X 21公分. --（優渥叢書Business；96）
ISBN　978-626-7422-64-9（平裝）
1. 法律　2. 通俗作品
580　　113016486

Business 096

66張圖讀懂法律通識課（增修版）

不花錢找律師，職場、租屋、消費……等50個疑難雜症都能自己搞定！
（原書名：66張圖讀懂法律通識課）

作　　者／優渥客
封面設計／蕭壽佳、蔡育涵
內頁排版／王信中、蔡育涵
責任編輯／林育如、趙文玲
主　　編／皮海屏
發行專員／張紜蓁
財務經理／陳碧蘭
發行經理／高世權
總編輯、總經理／蔡連壽
出 版 者／大樂文化有限公司（優渥誌）
　地址：220新北市板橋區文化路一段268號18樓之一
　電話：（02）2258-3656
　傳真：（02）2258-3660
　詢問購書相關資訊請洽：2258-3656
　郵政劃撥帳號／50211045　戶名／大樂文化有限公司

香港發行／豐達出版發行有限公司
地址：香港柴灣永泰道 70 號柴灣工業城 2 期 1805 室
電話：852-2172 6513　傳真：852-2172 4355

法律顧問／第一國際法律事務所余淑杏律師
印刷／韋懋實業有限公司

出版日期／2020 年 10 月26日（第一版）
　2024 年 11 月29日（增修版）
定價／280 元（缺頁或損毀的書，請寄回更換）
ISBN／978-626-7422-64-9
